かわいいパリ歩きの
フランス語

Petites leçons de français pour se balader dans Paris

トリコロル・パリ

荻野雅代　桜井道子

はじめに

この本は、これまでにたくさんのパリのガイドブックを作ってきた私たちが、初めて手がけた「新しいかたちのフランス語会話集」です。

いつもパリを駆けまわり、ブティックやレストランをよく知るトリコロル・パリならではの視点から、カフェ、パン屋さん、蚤の市やスーパーマーケットなど、パリ旅行中のさまざまなシーンに対応できるフレーズを集めました。基本的なあいさつはもちろん、知っていると便利な言いまわしや、ちょっとしたトラブルに対応できるひと言など、パリの街歩きをより楽しくするためのフレーズを厳選しています。

フランス語と聞いただけで尻込みする人もいるかもしれませんが、そのままよみがなを読んだり、単語をはめ込んだりして使える工夫をしているので大丈夫。ややこしい文法や発音などを考える必要はありません。

また、フレーズとともに、フランスのしきたりや習慣など、旅に役立つ情報も丁寧に紹介しています。たとえばお店では、お客さんのほうから「Bonjour」_{ボンジュー}とあいさつして入るのがフランス流。ちょっとした会話のコツを知ることで、よりスムーズに、気持ちよく食事やお買いものをすることができるのです。

パリを旅する人はもちろん、フランス語を学ぶ人、フランスに暮らし始めた人、そしてお部屋でパリの空想旅行を楽しみたい人にも、きっと便利に使っていただける1冊です。パリの街を歩き、パリジャンたちとあいさつを交わす姿を想像しながら、ページをめくってください。

9	*Chapitre 1*	**基本フレーズ**

- 10 　基本の7ワード
- 17 　よく使う10フレーズ

23	*Chapitre 2*	**街歩きフレーズ**

24　🍴 食べる　*Manger*

- 26 　食べるの基本6フレーズ
- 28 　レストランでの基本的なやりとり
- 32 　レストラン&ブラッスリー
- 42 　カフェ&サロン・ド・テ
- 46 　ブランジュリーでの基本的なやりとり
- 48 　ブランジュリー&パティスリー&ショコラトリー
- 52 　お総菜屋さん
- 54 　チーズ屋さん
- 56 　ワイン屋さん

62　🛍 買う　*Acheter*

- 64 　買うの基本6フレーズ
- 66 　洋服屋さんでの基本的なやりとり
- 70 　洋服屋さん
- 78 　バッグ・小物屋さん
- 82 　靴屋さん
- 86 　アクセサリー屋さん
- 90 　洋服・アクセサリーのサイズ表
- 92 　雑貨屋さん・インテリアショップ
- 98 　コスメ売場&ドラッグストア
- 100 　手芸屋さん
- 102 　本屋さん& CD・DVD屋さん
- 104 　お花屋さん
- 105 　文房具屋さん
- 106 　スーパーマーケットでの基本的なやりとり
- 108 　スーパーマーケット
- 114 　マルシェでの基本的なやりとり
- 116 　マルシェ
- 120 　蚤の市

128	観る	*Visiter*
130	観るの基本6フレーズ	
132	美術館・博物館	

140	移動する	*Se déplacer*
142	移動するの基本6フレーズ	
144	メトロ	
148	エール・ウー・エール	
150	タクシー	
152	バス	
154	街歩き	

160	泊まる	*Dormir*
162	泊まるの基本6フレーズ	
164	ホテル	

182	フランス語の基本と便利情報
188	*information*

Problèmes

1　食べるにまつわるトラブル　58
2　買うにまつわるトラブル　124
3　移動するにまつわるトラブル　156
4　泊まるにまつわるトラブル　174
5　トラブル対応フレーズ　178

Infos utiles

1　レストランの予約の仕方&メニューの読み方　60
2　パリのマルシェと蚤の市　123
3　パリのデパート&セール情報　126
4　0ユーロで美術館めぐり／パリ・ミュージアム・パス活用術　136
5　パリの美術館&モニュメント開館情報　138
6　パリの通り名&ストライキ対処法　159
7　ホテル選びとフランス式朝食　177
8　郵便局での便利フレーズ　181

本書に掲載したデータは、2013年1月時点のものです。

本書の使い方

本書では、フランス旅行に必要な基本のあいさつ＆定番フレーズと、旅がもっと楽しくなる、さまざまなシチュエーションでのフレーズや単語を紹介しています。本書を使いこなして、パリの街歩きを楽しみましょう。

各カテゴリーのテーマカラーのリボンは旅行者のフレーズ。

名詞：冠詞、単数と複数について

フランス語の名詞はすべて男性名詞と女性名詞に分けられ、それに伴って不定冠詞 (un / une) と定冠詞 (le / le) がつきます。本書ではフレーズにそのまま単語をはめ込んで使えるよう、必要に応じて冠詞をつけ、単数と複数もはめ込んだときに不自然でないものをセレクトしています。

疑問文について

本書では話し言葉に近いフレーズを紹介し、肯定文の文末を上げることで疑問文としている場合があります。フランス語を学んでいる人は、動詞や助動詞を前に持ってきたり、Est-ce que をつけたりして、より正確な疑問形で質問することをおすすめします。

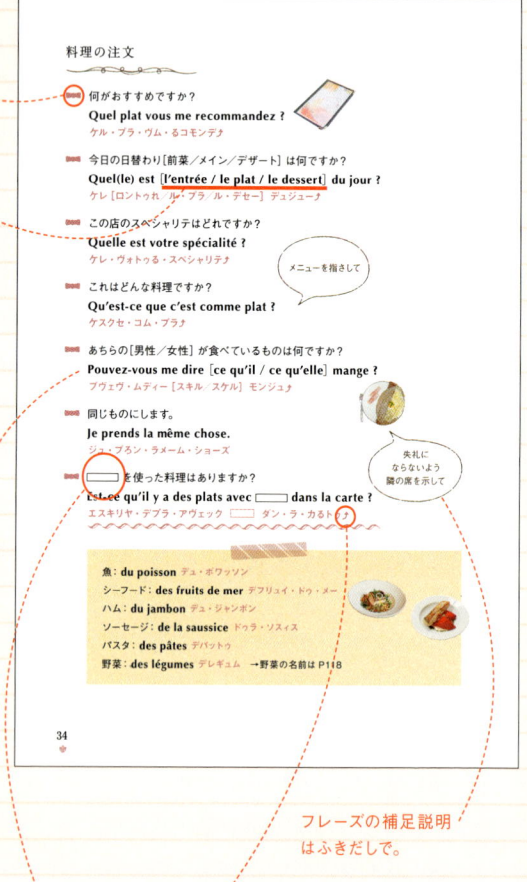

料理の注文

● 何がおすすめですか？
Quel plat vous me recommandez ?
ケル・プラ・ヴ・ム・るコモンデ♪

● 今日の日替わり[前菜／メイン／デザート]は何ですか？
Quel(le) est [l'entrée / le plat / le dessert] du jour ?
ケレ [ロントゥれ／ル・プラ／ル・デセー] デュジューる♪

● この店のスペシャリテはどれですか？
Quelle est votre spécialité ?
ケレ・ヴォトゥる・スペシャリテ♪

● これはどんな料理ですか？
Qu'est-ce que c'est comme plat ?
ケスクセ・コム・プラ♪

（メニューを指さして）

● あちらの[男性／女性]が食べているものは何ですか？
Pouvez-vous me dire [ce qu'il / ce qu'elle] mange ?
プヴェヴ・ムディー [スキル／スケル] モンジュ♪

● 同じものにします。
Je prends la même chose.
ジュ・プラン・ラ・メーム・ショーズ

● ▭ を使った料理はありますか？
Est-ce qu'il y a des plats avec ▭ dans la carte ?
エスキリヤ・デプラ・アヴェック ▭ ダン・ラ・カるト♪

（失礼にならないよう隣の席を示して）

魚：**du poisson** デュ・ポワッソン
シーフード：**des fruits de mer** デフるュイ・ドゥ・メー
ハム：**du jambon** デュ・ジャンボン
ソーセージ：**de la saussice** ドゥラ・ソスィス
パスタ：**des pâtes** デパットゥ
野菜：**des légumes** デレギュム　→野菜の名前は P118

▭ には、下のリストにある単語をそのままはめ込んで使います。

疑問文のよみがなにこの矢印がついている時は、文末をやや上げて読んでください。

フレーズの補足説明はふきだしで。

薄い水色のリボンは否定する場合のフレーズ。

シチュエーションを以下のアイコンで示しています。
🍴：食べる　🛍：買う
📷：観る　🛏：泊まる
🚶：移動する

茶色のふきだしはお店側のフレーズ。

Rの発音と表記について

●のどを鳴らす感じで発音。実際にはラリルレロに聞こえない場合が多いです。
例) **Je prends** → **ジュ・プラン**（**プ**ほンと発音するような気持ちで）
● **R** にあたるよみがなは、ひらがなの「**らりるれろ**」、**L** はカタカナの「**ラリルレロ**」と区別して表記しています。
例) **Porte-clefs** → **ポるトゥクレ**
●語尾でほとんど聞こえない **R** は、よみがなをふっていません。
例) **Bonjour** →**ボンジュー**
（→詳しくは P182）

食べる　レストラン＆ブラッスリー 🍴

● お決まりになりましたか？
Vous avez choisi ?
ヴザヴェ・ショワズィ♪

はい、これにします。
Oui, je prends ça.
ウィ・ジュ・プランサ

料理名を指して

● いいえ、まだです。
Non, pas encore.
ノン・パゾンコー

🍴 ＿＿ユーロのメニューにします。（→数字はP184)
Je prends le menu a ＿＿ euros.
ジュ・プラン・ル・ムニュ・ア ＿＿ ウーろ

🌟 エトセトラ

まず前菜とメインだけ注文して、メインを食べた後に、お腹のふくれ具合に応じてデザートを頼むか否かを選ぶのが普通です。スフレなど、準備に時間がかかるデザートの場合は最初に注文を促される場合もあります。

🍴 前菜とメインにします。
Je prends une entrée et un plat.
ジュ・プラン・ユノントゥれ・エ・アン・プラ

🍴 メインとデザートにします。
Je prends un plat et un dessert.
ジュ・プラン・アン・プラ・エ・アン・デセー

🍴 メインだけにします。
Je prends juste un plat.
ジュ・プラン・ジュストゥ・アン・プラ

🍴 前菜に＿＿、メインに＿＿、デザートに＿＿にします。
Je prends ＿＿ comme entrée, ＿＿ comme plat et ＿＿ comme dessert.
ジュ・プラン ＿＿ コム・オントゥれ、＿＿ コム・プラ・エ ＿＿ コム・デセー

🍴 [ブルー（かなりレア）／レア／ミディアム／ウェルダン] でお願いします。
[Bleu / Saignant / A point / Bien cuit], s'il vous plaît.
[ブル／セニヤン／アポワン／ビアンキュイ] スィルヴプレ

牛肉は希望の焼き加減を指定できる

スムーズに旅をするためのさまざまなコツを、「エトセトラ」として紹介しています。

よみがなは、耳で聞こえる発音に忠実に、できるだけそのままカタカナを読んで通じる表記にしました。よみがなは単語ごとではなく、読むときのリズムを考えて「・」で区切っています。区切りのないところはひと息で読むと通じやすいでしょう。

[ ]の中の単語をひとつセレクトして使いましょう。

音声データをダウンロードできます

本書に掲載したフランス語フレーズを、ネイティブのフランス人が発音した音声データ（mp3データ）を無料でダウンロードしていただけます。詳しくはトリコロル・パリのサイトをご覧ください。　http://www.tricolorparis.com/media

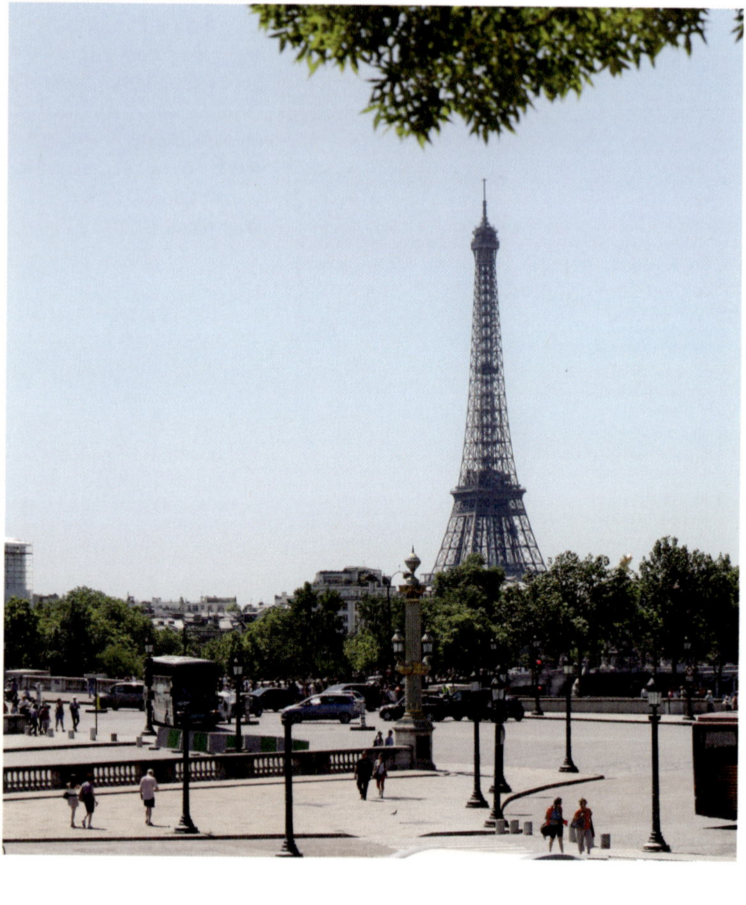

Chapitre 1

基本フレーズ

Sept mots et dix phrases principaux

パリは世界有数の観光地なので、フランス語がまったく話せなくても、問題なく旅ができるかもしれません。でも、たとえたったひと言でも、その国の言葉を使ってみて通じたときの感動は、忘れられない旅の想い出になるにちがいありません。1章では、簡単に覚えられて旅で役立つ基本的なワードやフレーズをご紹介します。

基本の7ワード

誰でもきっと一度は耳にしたことのある「ボンジュール」や「メルシー」という単語。簡単に覚えられるこの言葉たちは、実はとても奥深く、使い道も多種多様な魔法のような存在です。フランスを笑顔で旅するために大活躍してくれる、基本の7ワードをご紹介します。

①

こんにちは　　こんばんは
Bonjour / Bonsoir
ボンジュー　　ボンソワー

日本でもなじみのあるフランス語のあいさつは、フランスを旅するうえでいちばん大切な言葉のひとつ。あいさつをするのとしないのでは印象ががらりと変わるので、恥ずかしがらずにはっきりと言うことを心がけましょう。朝から夕方までは「**Bonjour**／ボンジュー」、夕方から夜にかけては「**Bonsoir**／ボンソワー」を使うのが一般的ですが、このあたりの感覚は人それぞれです。

1, あいさつとして
フランスには「いらっしゃいませ」にあたる言葉はなく、ブティックやレストランに入るときやマルシェで注文を始める前に、お客さんのほうから声をかけるのが一般的です。黙って入るよりも格段に印象が良くなるので、これは必ず言うように心がけましょう。ホテルのフロントなどでも同じです。

2, 話しかけるきっかけとして
人に話しかけるとき、ひと目めはまずあいさつから。話しかける性別によって、マダムやムッシューを後ろにつけるとより丁寧な印象に(→ P16)。このひと言でまずは相手を呼び止めて、その後に質問や本題に入ると、自然かつ礼儀正しい印象になります。

②

ありがとう
Merci
メるスィ

「Merci」も本当によく口にする言葉です。日本語で「ありがとう」とはっきり言う機会はあまりないかもしれませんが、「どうも」や「すみません」といった軽くお礼を述べる感覚で、気軽に「Merci」を使いましょう。
「いいえ、けっこうです」という意味の「Non, merci／ノン・メるスィ」はご存じの方が多いかもしれません。ただ「Non」と言うだけではつっけんどんな印象を与えてしまいそうなところを「Merci」が和らげる役割をしています。同じように、「コーヒーはいかがですか?」「お手伝いしましょうか」という提案に「はい」と答えるときにもただの「Oui／ウィ」ではなく「Oui, merci／ウィ・メるスィ」と答えれば好印象です。
日本語では「ありがとう」と「ありがとうございます」で丁寧さが変わってきますが、フランス語では丁寧に言いたいときも軽く言いたいときも同じ「Merci」でOK。ただし、後ろに次のような単語をつけて使うことで、感謝の気持ちの大きさのちがいを表すこともできます。「Merci bien／メるスィ・ビアン」＜「Merci beaucoup／メるスィ・ボク」＜「Merci infiniment／メるスィ・アンフィニモン」

3

はい　　いいえ
Oui / Non
ウィ　　ノン

質問の内容がわかったら、はっきりと返事をするのが大切です。フランス人の中には、日本人らしい謙遜や遠慮を理解しない人も多いので、返事をあいまいにしていると、相手の都合の良いほうに解釈されてしまうこともあるからです。何かを提案されたときやすすめられたときなどに、「ここで断ったら相手に悪いのではないか」「気分を害するのではないか」「簡単に受け入れるのはカッコ悪いのではないか」などと不安に思うときがあるかもしれませんが、郷に入っては郷に従え……。ここは、他人の目をあまり気にせず、自分の意思を通すフランス人を見習いましょう。

「Oui」のときは首を縦にふり、「Non」のときは首を横にふるジェスチャーを加えることで、さらにクリアな意思表示ができます。また、何かを提案されて答える際、「Oui」と「Non」の後に「Merci／メルスィ」をつけるとベターです（→ P11）。

4

すみません／お願いします
S'il vous plaît
スィルヴプレ

フランスの日常生活ではいたるところで使われ、これさえ覚えておけばなんとかなる、といったまさに魔法のひと言。英語の「**Please**」にあたる言葉です。

1, 人を呼び止めたり、声をかけるとき
レストランなどのお店の人を呼びたいとき、英語の「**Excuse me**」から連想して、フランス語では「**Excusez-moi**／エクスキュゼ・モワ」(→P19)を使って声をかけてしまう方が多いかもしれませんが、「**S'il vous plaît**／スィルヴプレ」が自然です。

2, 注文するとき
「**Un café, s'il vous plaît.**／アン・カフェ・スィルヴプレ（コーヒーを1杯ください）」や「**Un billet adulte, s'il vous plaît.**／アン・ビエ・アデュルトゥ・スィルヴプレ（大人のチケットを1枚ください）」など、欲しいもの＋「**s'il vous plaît**」だけで「○○をください」という意味の文章になり、さまざまなシチュエーションで便利に使えます。

3, 丁寧に依頼するとき
何かをお願いするときは、どんなフレーズでも最初や最後に必ず「**S'il vous plaît**」をつけるという姿勢でのぞむのがベターです。逆につけないと、ぶっきらぼうな印象を与えることもあるので要注意です。

5

すみません

Pardon

パルドン

フランスに住んでいると、フランス人は本当に謝ってほしいときにはなかなか謝らないなあと思うことが多いのですが、逆に、たとえば道を歩いていて肩がぶつかったり、前を遮ってしまうようなときなど、日常生活の細々したシーンでは、日本人よりも気軽に軽く謝るような印象があります。そんなときに使うのがこの「Pardon／パルドン」です。

また、謝るシチュエーションでなくても、電車やバスで降りたいけれど前の人が道を開けてくれないようなときや、お店の人に声をかけるとき、相手の言葉が聞き取れなかった場合などにも使えるので、まさに日本語の「すみません」と似たような使い方ができる単語です。

同じ謝るための表現でも、「**Excusez-moi**／エクスキュゼ・モワ」(→P19) や「**Je suis désolé(e)**／ジュ・スュイ・デゾレ」(→P19) は足を思い切り踏んづけてしまったり、ソースを人の服にこぼしてしまったなど、きちんと謝らなければならないときに使うと良いでしょう。

⑥ さようなら
Au revoir
オヴォワー

フランスでのお買いものや食事はあいさつで始まり、あいさつで終わります。たとえ何も買わなくても、お店を出る際はお客さんからも「**Merci, au revoir**／メルスィ・オヴォワー（ありがとう、さようなら）」と声をかけるのがマナーです。

「**Revoir**／るヴォワーる」は「再び会う」という意味なので、直訳すると「また会いましょう」という意味の表現が、フランス語の「さようなら」です。「**Au revoir**」の場合、最初の「**re**／る」は発音しなくても大丈夫。また、「**À bientôt**／ア・ビアント（また近いうちに）」もよくお店の人が口にする言葉で、「またすぐ来てくださいね」という気持ちのこもった、ちょっぴり常連さん気分が味わえる表現です。

「**Au revoir**」の後に、「**Bonne journée**／ボヌ・ジュるネ（良い一日を）」や「**Bonne soirée**／ボヌ・ソワレ（良い夜を）」といったひと言をプラスすれば、ぐんとフランスらしさが増します。

7

マダム　　　　　ムッシュー
Madame / Monsieur
マダム　　　　　ムッスュー

「マダム」は女性に、「ムッシュー」は男性につける敬称として知られていますが、「**Bonjour, Monsieur** ／ボンジュー・ムッシュー」「**Merci, Madame** ／メルスィ・マダム」「**Monsieur, s'il vous plaît** ／ムッシュー・スィルヴプレ」など、いろいろなフレーズにつけることで、ぐんと丁寧度が増す役割も果たします。たとえばホテルのフロント係の名前がわかっているのなら、「**Merci beaucoup, Pierre** ／メルスィボク・ピエー」とか「**Bonjour, Madame Poulain** ／ボンジュー・マダム・プーラン」といった感じで、ファーストネームや名字をつけてもぐんと親しみがわきます。簡単ですが、印象が大きく変わる便利なひと言です。

逆に、お店やレストランのスタッフも、客であるあなたに対して「**Madame**」や「**Monsieur**」をつけて対応することもあるでしょう。このひと言がついていたら、丁寧に対応されているというふうに感じることができます。

女性の敬称には **Madame**（マダム／既婚者）、**Mademoiselle**（マドゥモワゼル／未婚者）という区別がありますが、あいさつなどにつける場合は、働いている年齢の女性であればすべて「**Madame**」を使うのがベターです。ひと目で未成年とわかるような若者には、「**Madame**」や「**Monsieur**」をつけずに話しかけるのが自然でしょう。

よく使う10フレーズ

基本の7ワードを覚えたら、今度はレストランやお店で自分の意思を伝えたり、道に迷ったときや人に質問したりするときに役立つ、シンプルかつ便利なフレーズに挑戦してみましょう。「これさえ覚えておけばなんとかなる」、基本の10フレーズを紹介します。

1

OKです。／わかりました。

D'accord.

ダコー

英語の「OK」にあたる言葉で、実はフランス人も「OK」をよく使いますが（発音はオケ）、正しいフランス語はこちらです。ホテルやお店、街で、何か説明してもらって「わかったよ」と伝えたいときなどに、無言でうなずくのではなく、「D'accord／ダコー」と答えればクリアな意思表示に。前に「Oui／ウィ」をつけるとより丁寧な印象になります。また、友人同士のくだけた会話では「D'acc／ダック」と略すこともあります。

2

□ をください。

Je voudrais □.

ジュヴドゥれ □

これを知っていれば、欲しいもの、注文したいものを相手に伝えられる大事なフレーズです。英語の「I want」にあたり、「Je」が「私」、「voudrais／ヴドゥれ」が「欲しい」という意味の動詞です。欲しいものの単語がわからなかったり読めなかったりしても、指さして「Je voudrais ça／ジュヴドゥれ・サ」と言えば伝わります。最後に「S'il vous plaît／スィルヴプレ」（→ P13）をつけるとより丁寧です。

3

▢ を探しています。

Je cherche ▢.

ジュ・シェるシュ ▢

勝手のわからない外国のお店では、自分で探すより聞いたほうが早いのは確実。▢ の中に欲しいものの名前を入れれば、ショッピングやおみやげ探しのときに役立ちますし、目的地の通りの名前を当てはめれば、道に迷ったときにも使える便利なフレーズです。「Je voudrais ／ジュヴドゥれ」(→ P17) と同じく、雑誌やガイドブック上の写真を指して「Je cherche ça ／ジュ・シェるシュ・サ」と言ってもいいでしょう。

4

▢ してもいいですか？

Je peux ▢ ?

ジュプ ▢ ↗

何かと習慣の異なる海外旅行では、いろいろなところで許可をあおぐシーンに出くわします。美術館で写真を撮影しても良いか、洋服を試着しても良いか、席に座っても良いか……など、▢ の中にその行動を示す単語を入れて使うのがベスト。万が一単語を知らない場合でも、「Je peux ／ジュプ?」と言いながら写真を撮る仕草をしたり、洋服を体にあててみたり、座席を指さしてみたりすれば、たいていの場合は意味が通じるでしょう。

5

これは何ですか？

Qu'est-ce que c'est ?

ケスクセ↗

カタカナにするとたったの4文字なので、ぜひこのまま覚えてしまいたいフレーズです。レストランのメニューをわからないまま頼んでみたら、想像とまったくちがうものが出てきた、とか、美術館内の表示や街の看板、標識の指示が理解できず、知らずにルール違反な行動をして注意された、とか、後で悪い意味での驚きがないように、とにかくわからないものは、恥ずかしがらずに「ケスクセ?」と聞いて確認してみましょう。

6

ごめんなさい。

Excusez-moi. / Je suis désolé(e).

エクスキュゼ・モワ　　　ジュ・スュイ・デゾレ

どちらも相手に悪いことをしてしまって謝るときに使うフレーズです。「Je suis désolé(e). ／ジュ・スュイ・デゾレ」はかなり本気で謝るイメージなので、物を壊してしまったとか、相手に痛い思いをさせてしまったとか、よりシリアスな場面で。旅行中のさまざまなシーンで軽く謝りたいときは「Excusez-moi. ／エクスキュゼ・モワ」のほうを使うと良さそうです。また、人に呼びかけるときにも「Excusez-moi.」を使うことがありますが、「S'il vous plaît ／スィルヴプレ」(→ P13) のほうがより自然です。

⑦

わかりませんでした。

Je n'ai pas compris.

ジュネパ・コンプリ

相手が言ったことに対して、意味がわからなかったり、単語そのものをまったく聞き取れなかったりした場合は、このフレーズを使いましょう。前に「**Pardon**／パルドン」(→P14) をつけると自然です。現在形で「**Je ne comprends pas**／ジュヌ・コンプロン・パ」＝「わかりません」と答えるよりも、過去形のほうがぶっきらぼうに聞こえません。

⑧

もう一度お願いします。

Pouvez-vous répéter ?

プヴェヴ・れペテ↗

パリジャンは基本的に早口な人が多いです。また、相手が外国人だからゆっくり話してあげないと、というような日本人的気遣いをする人も少ないかもしれませんが、その分、こちらも遠慮は無用。よく聞き取れなかったら、気後れせずに、わかるまで繰り返してもらいましょう。理解できなかったのに、適当なスマイルでごまかすのはいちばん良くありません。

9

英語で話してもらえますか？

Pouvez-vous parler en anglais ?

プヴェヴ・パるレ・オンノングレ↗

「フランス人は英語を話さない、英語で話しかけてもフランス語で返してくる」という話を耳にしたことがあるかもしれませんが、幸いそれはもう都市伝説になりつつあります。世界中から旅行者が集まる大都市パリの観光スポットやショッピング街では、英語を話せる人がぐんと増えました。がんばってフランス語で話そうとする姿勢を見せて喜んでもらい、最終的にコミュニケーションに限界を感じたときは、英語に切り替えましょう。

10

| 誰？ | 何？ | いつ？ | なぜ？ | どんな？ |

Qui ? / Quoi ? / Quand ? / Pourquoi ? / Comment ?

キ↗　　クワ↗　　カン↗　　プるクワ↗　　コモン↗

「誰ですか？」「何ですか？」「いつですか？」「なぜですか？」「どんなですか？」フランス語の疑問詞5つです。ちょっとぶっきらぼうではありますが、余裕がなければこのまま使っても通じますし、前に「C'est／セ」をつければ、れっきとした質問文になります。こういう質問を会話のなかで上手に使うのは少し難しいかもしれませんが、相手の質問の内容を聞き取るためにも大事な言葉です。

"LA VANNERIE"

Chapitre 2

街歩きフレーズ

Phrases utiles pour chaque situation

もっともっと地元っ子たちとコミュニケーションしてみたい、という方のために、2章では、パリの旅を「食べる」「買う」「観る」「移動する」「泊まる」の5つのシチュエーションに分け、よく使われるさまざまフレーズを集めました。自分で発音するのが難しいときは、フレーズを示して相手に読んでもらってもいいでしょう。

{ 食べる }

Manger

評判のレストランで本場のフレンチを味わったり、パリジェンヌになりきってカフェでコーヒーを飲んだり、話題のパティスリーで新作ケーキを試したり……。「食べること」はパリを訪れる大きな楽しみのひとつですね。たとえカタコトでも、おいしいものを提供してくれる人々とコミュニケーションして、その情熱やこだわりに触れることができたら、その楽しみはもっともっと広がることでしょう。

パリでおいしく楽しく食べるための 6 のヒント

1. 一日中食事ができる

飲みものだけでなく軽食も食べられるカフェ、そして伝統的な料理が味わえるブラッスリー。どちらも一日中開いていてノンストップで使え、簡単に食事を済ませたい人におすすめ。ブラッスリーは日曜営業の店も多いです。

2. おすすめの時間帯

レストランやビストロでは昼は 12 時、夜は 20 時から営業開始の店が多いです。フランス人は遅めに来るので、予約していない場合はなるべく開店時間に合わせて行くと、人気店でも座れる可能性が高まります。

3. 服装

レストランでの服装は日本人の感覚で「普通に小ぎれい」であれば十分。テーブルにクロスがかけられカトラリーが並べられているようなお店では、短パンなど極端にカジュアルなスタイルは避けるなど、常識的な判断を。

4. チップ

食事料金はサービス料込みでチップは義務ではありません。サービスが親切だったのでお礼をしたいと感じたら、おつりをいくらか置く程度の気遣いで十分。カード支払いならレシートのトレイに数ユーロを置けば OK です。

5. どこも禁煙

店内は法律により禁煙。外のテラス席は喫煙を許可しているお店が多いですが、それでも食事の最中に吸う人はあまりいません。食後のコーヒーのときなどに、ほかのお客さんにも気を配りながら吸いましょう。

6. お惣菜屋さんの会計

お惣菜屋さんでは、注文した後、レジに勘定書を持って行って先に支払いを済ませ、レシートと買ったお惣菜を交換する、という流れで買いものをする場合があります。前のお客さんのやり方を観察して対応しましょう。

食べる の基本6フレーズ

どんなものか確認して好みのものを選び、注文して会計する。
身ぶり手ぶりでもなんとかなるけれど、コミュニケーションが取れたらさらに楽しい！

1

☐ をください。
☐ , s'il vous plaît.
☐ スィルヴプレ

カフェやブランジュリーで、注文したい飲みものや買いたいパンの名前の後に「お願いします」という意味の「スィルヴプレ」をつければOK。「欲しいもの＋スィルヴプレ」はシンプルで、いろんなシチュエーションに使いまわせる表現です。

2

☐ をオーダーします。
Je prends ☐ .
ジュ・プロン ☐

動詞の「prendre／プろんどる」は英語の「take」にあたり、レストランやカフェのメニューなど、色々な選択肢から自分が選んだものを伝えるときに使う表現。料理や飲みものをオーダーするときや、ショーケースに並んだ商品を買うときに使えます。

3

これは何ですか？
Qu'est-ce que c'est ?
ケスクセ↗

レストランのメニューを見ていてどんな料理かわからないとき、お惣菜屋さんで見たこともないようなおかずを見つけたとき、指さしながら「ケスクセ？」と聞いてみてください。お店の人が、きっと親切に教えてくれることでしょう。

食べる　食べるの基本6フレーズ

④

これですべてです。

C'est tout.

セ・トゥ

ブランジュリーやパティスリーにはおいしそうなものがありすぎて、つい買いすぎてしまいます。あれもこれもと選んだら、最後にこのフレーズを。店員さんが「Ensuite?／オンスュイットゥ（それから）？」と聞いてきたときも、これを答えればバッチリ。

⑤

お会計をお願いします。

L'addition, s'il vous plaît.

ラディシオン・スィルヴプレ

フランスのレストランやカフェでの支払いは、レジではなくテーブルでするのが基本。そこでこのフレーズが重要になります。急ぎのとき、ゆっくりで良いとき、都合に合わせて、良いタイミングでこのフレーズを使えるようになれば旅の達人。

⑥

トイレはどこですか？

Où sont les toilettes ?

ウ・ソン・レトワレットゥ♪

無料できれいなトイレを見つけにくいパリの街だからこそ、レストランやカフェでトイレを済ませるのは旅行者の常識。地下だったり2階だったり、ときには建物の外だったり、パリのお店はトイレの場所もさまざまなのでこのフレーズが役立ちます。

レストラン での基本的なやりとり

レストランで食事というちょっと緊張しそうなシチュエーションも、基本的な流れさえわかっていれば大丈夫。店員さんとの会話をイメージトレーニングして。

お店に入る〜着席　もっと詳しく→P33

こんばんは。
Bonsoir.
ボンソワー

こんばんは。何名様ですか？
Bonsoir. Vous êtes combien ?
ボンソワー　ヴゼットゥ・コンビアン↗

[2人] です。
Nous sommes [deux].
ヌソム [ドゥ]

[大人2人] と [子ども1人] です。
Nous sommes [deux adultes] et [un enfant].
ヌソム [ドゥザデュルトゥ] エ [アンノンファン]

予約されましたか？
Vous avez réservé ?
ヴザヴェ・れゼるヴェ↗

はい、[田中] の名前でしました。
Oui, au nom de [Tanaka].
ウィ・オノン・ドゥ [タナカ]

(していないときは) していません。
Non, je n'ai pas réservé.
ノン・ジュネパ・れゼるヴェ

こちらへどうぞ。
Suivez-moi.
スイヴェ・モワ

すみません、今晩は満席です。
Désolé, mais c'est complet ce soir.
デゾレ・メ・セ・コンプレ・スソワー

それは残念。では、さようなら。
Ah bon ! Dommage. Au revoir.
アボン！　ドマージュ　オヴォワー

テラス席をお願いします。
Une table en terrasse, s'il vous plaît.
ユヌ・ターブル・オン・テらス・スィルヴプレ

- あちらの席のほうがいいのですが。

  Je préfère une table là-bas.
  ジュ・プれフェー・ユヌ・ターブル・ラバ

- 承知しました。どうぞ。

  D'accord. Allez-y.
  ダコー　アレズィ

注文　もっと詳しく→P34

- アペリティフはいかがですか？

  Désirez-vous un apéritif ?
  デズィれヴ・アンナペリティフ♪

- けっこうです。

  Non, merci.
  ノン・メルスィ

- （欲しいときは）
  [キール] をお願いします。

  Oui, [un kir], s'il vous plaît.
  ウィ [アン・キーる] スィルヴプレ

- メニューをどうぞ。

  Voici la carte.
  ヴォワスィ・ラ・かるトゥ

- お決まりですか？

  Vous avez choisi ?
  ヴザヴェ・ショワズィ♪

- はい。[30ユーロ] のコースで、前菜は[サーモンのマリネ]、メインは[仔羊のロースト] にします。

  Oui, je prends le menu à [trente euros], avec [le saumon mariné] en entrée et [le rôti d'agneau] en plat.
  ウィ・ジュ・プろン・ルムニュ・ア [トろントゥ ウーろ] アヴェック [ルソモン・マリネ] オンノントゥれ・エ [ルろチ・ダニヨー] オンプラ

- お飲みものはどうされますか？

  Que voulez-vous boire ?
  クヴレヴ・ボワー♪

- [ガスなしのミネラルウォーターのハーフボトル] をください。

  [Une demi-bouteille d'eau gazeuse], s'il vous plaît.
  [ユヌ・ドゥミブテイユ・ドガズーズ] スィルヴプレ

食事中　もっと詳しく→P40

（メインが終わった後）
- デザートはいかがですか？

  Voulez-vous un dessert ?
  ヴレヴ・アン・デセー↗

- いただきます。
  メニューを見せてもらえますか？

  Oui, pouvez-vous me donner la carte ?
  ウィ・プヴェヴ・ムドネ・ラ・カるトゥ↗

- はい。
  チョコレートムースをください。

  Oui, une mousse au chocolat, s'il vous plaît.
  ウィ・ユヌ・ムゥス・オ・ショコラ・スィルヴプレ

- けっこうです。
  お会計をお願いします。

  Non, merci.
  L'addition, s'il vous plaît.
  ノン・メるスィ
  ラディシオン・スィルヴプレ

（デザートが終わった後）
- コーヒーはいかがですか？

  Voulez-vous un café ?
  ヴレヴ・アン・カフェ↗

- いただきます。

  Oui, s'il vous plaît.
  ウィ・スィルヴプレ

- けっこうです。

  Non, merci.
  ノン・メるスィ

会計〜お店を出る

🎀 すみません、
お会計をお願いします。

L'addition, s'il vous plaît.
ラディシオン・スィルヴプレ

● 承知しました。

D'accord.
ダコー

🎀 カードで支払います。

Je paie par carte.
ジュ・ペイ・パー・カるトゥ

● ご満足いただけましたか？

Ça a été ?
サアエテナ

🎀 はい、とてもおいしかったです。
ありがとうございました

Oui, c'était délicieux. Merci.
ウィ・セテ・デリスュー　メるスィ

🎀 とても良い時間が過ごせました。

J'ai passé un bon moment.
ジェ・パッセ・アン・ボン・モモン

● ありがとうございました。
良い夜を。

Merci. Bonne soirée.
メるスィ　ボンヌ・ソワれ

🎀 ありがとう。さようなら。

Merci. Au revoir.
メるスィ　オヴォワー

{ Restaurant & Brasserie }
レストラン&ブラッスリー

パリのレストランやブラッスリーでフランス料理を食べるせっかくの機会。できるだけ自分の好みや体調に合わせたものを、おいしくいただきたいですよね。物怖じせずにコミュニケーションをとり、スタッフを味方につければ、食事の時間が何倍も楽しいものになるでしょう。メニューの内容がよくわからなくて勘で選ぶことになったり、想像したのと全然ちがう料理が出てきたり、そんなさまざまなハプニングも、旅の醍醐味のひとつです。

席に着いたら

● アペリティフはいかがですか？
Désirez-vous un apéritif ?
デズィレヴ・アンナペリティフ♪

▶ [キール] をください。
Oui, je voudrais [un kir].
ウィ・ジュヴドゥれ [アン・キール]

▶ どんなアペリティフがありますか？
Qu'est-ce que vous avez comme apéritif ?
ケスク・ヴザヴェ・コム・アペリティフ♪

▶ メニューを見せてください。
Je peux voir la carte, s'il vous plaît ?
ジュプ・ヴォワー・ラ・カるトゥ・スィルヴプレ♪

▶ けっこうです。
Non, merci.
ノン・メるスィ

メニューをもらう

▶ メニューをください。
Je peux avoir la carte, s'il vous plaît ?
ジュプ・アヴォワー・ラ・カるトゥ・スィルヴプレ♪

▶ 英語のメニューはありますか？
Avez-vous la carte en anglais?
アヴェヴ・ラ・カるトゥ・オンナングレ♪

▶ メニューが読めないので教えてください。
Pouvez-vous m'aider à lire la carte ?
プヴェヴ・メデ・ア・リー・ラ・カるトゥ♪

▶ ワインリストをください。
La carte des vins, s'il vous plaît.
ラ・カるトゥ・デヴァン・スィルヴプレ

❊ エトセトラ

通常は何も言わなくてもメニューを持ってきてくれますが、なかなか持ってきてくれない場合は、「S'il vous plaît／スィルヴプレ」と呼び止めてお願いしましょう。

（手書きメニューが読みづらいときは）

料理の注文

- 何がおすすめですか？

    Quel plat vous me recommandez ?
    ケル・プラ・ヴム・るコモンデ↗

- 今日の日替わり[前菜／メイン／デザート]は何ですか？

    Quel(le) est [l'entrée / le plat / le dessert] du jour ?
    ケレ［ロントゥれ／ル・プラ／ル・デセー］デュジュー↗

- この店のスペシャリテはどれですか？

    Quelle est votre spécialité ?
    ケレ・ヴォトゥる・スペシャリテ↗

    （メニューを指さして）

- これはどんな料理ですか？

    Qu'est-ce que c'est comme plat ?
    ケスクセ・コム・プラ↗

- あちらの[男性／女性]が食べているものは何ですか？

    Pouvez-vous me dire [ce qu'il / ce qu'elle] mange ?
    プヴェヴ・ムディー［スキル／スケル］モンジュ↗

- 同じものにします。

    Je prends la même chose.
    ジュ・プロン・ラメーム・ショーズ

    （失礼にならないよう隣の席を示して）

- ▭ を使った料理はありますか？

    Est-ce qu'il y a des plats avec ▭ dans la carte ?
    エスキリヤ・デプラ・アヴェック ▭ ダン・ラ・かるトゥ↗

魚：**du poisson** デュ・ポワッソン
シーフード：**des fruits de mer** デフリュイ・ドゥ・メー
ハム：**du jambon** デュ・ジャンボン
ソーセージ：**de la saussice** ドゥラ・ソスィス
パスタ：**des pâtes** デパットゥ
野菜：**des légumes** デレギュム　→野菜の名前はP118

34

食べる　レストラン&ブラッスリー

● お決まりになりましたか？
Vous avez choisi ?
ヴザヴェ・ショワズィ↗

● はい、これにします。
Oui, je prends ça.
ウィ・ジュ・プロン・サ

料理名を指さして

● いいえ、まだです。
Non, pas encore.
ノン・パゾンコー

● ☐☐☐ ユーロのメニューにします。（→数字はP184）
Je prends le menu à ☐☐☐ euros.
ジュ・プロン・ル・ムニュ・ア ☐☐☐ ウーろ

● 前菜とメインにします。
Je prends une entrée et un plat.
ジュ・プロン・ユノントゥれ・エ・アン・プラ

● メインとデザートにします。
Je prends un plat et un dessert.
ジュ・プロン・アン・プラ・エ・アン・デセー

● メインだけにします。
Je prends juste un plat.
ジュ・プロン・ジュストゥ・アン・プラ

● 前菜に ☐☐☐ 、メインに ▨▨▨ 、デザートに ▨▨▨ にします。
Je prends ☐☐☐ comme entrée, ▨▨▨ comme plat et ▨▨▨ comme dessert.
ジュ・プロン ☐☐☐ コム・オントゥれ ▨▨▨ コム・プラ・エ ▨▨▨ コム・デセー

● ［ブルー（かなりレア）／レア／ミディアム／ウェルダン］でお願いします。
[Bleu / Saignant / A point / Bien cuit], s'il vous plaît.
［ブル／セニヤン／アポワン／ビアンキュイ］スィルヴプレ

※ エトセトラ

まず前菜とメインだけ注文して、メインを食べた後に、お腹のふくれ具合に応じてデザートを頼むか否かを選べるのが普通です。スフレなど、準備に時間がかかるデザートの場合は最初に注文を促される場合もあります。

牛肉は希望の焼き加減を指定できる

35

料理の注文

☐ にします。 **Je prends** ☐ . ジュ・プロン ☐

海の幸盛り合わせ
un plateau de fruits de mer
アン・プラトー・ドゥ・フリュイ・ドゥメー

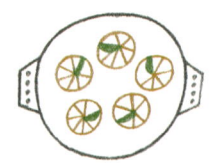

エスカルゴ
des escargots
デゼスカるゴ

タルタルステーキ★1
un steak tartare
アン・ステク・タるタァ

ペリゴール地方風サラダ★2
une salade périgourdine
ユヌ・サラドゥ・ペリグるディヌ

カフェ・グルマン★3
un café gourmand
アン・カフェ・グるマン

プロフィトロール★4
des profiteroles
デ・プろフィトゥロル

生ガキ: **des huîtres** デズユイットゥる

魚介のスープ: **une soupe de poisson** ユヌ・スープ・ドゥ・ポワッソン

オニオングラタンスープ: **une soupe à l'oignon gratinée** ユヌ・スープ・アロニオン・グらチネ

鴨のフォアグラ: **un foie gras de canard** アン・フォアグら・ドゥ・カナー

ステーキ＆フライドポテト: **un steak frites** アン・ステク・フリットゥ

ローストチキン: **un poulet rôti** アン・プレ・ろティ

ニース風サラダ★5: **une salade niçoise** ユヌ・サラドゥ・ニソワーズ

★1 生の牛ひき肉にオニオンや生卵、調味料を好みで混ぜて食べる。　★2 鴨のマグレと砂肝、クルミのサラダ。　★3 コーヒーとミニデザート2〜3種類のセット。紅茶が選べる場合も。　★4 ミニシューアイスに熱いチョコソースをかけたデザート。　★5 トマト、ゆで卵、アンチョビ、ツナ、オリーブなどの入ったサラダ。

食べる　レストラン&ブラッスリー

▶ ▶ ▶ ☐ が食べられません。

Je ne peux pas manger de ☐ .

ジュ ヌ プパ・マンジェ・ドゥ ☐

肉： **viande** ヴィアンドゥ
牛肉： **boeuf** ブフ
豚肉： **porc** ポー
鶏肉： **poulet** プレ
羊肉： **mouton** ムトン
仔羊肉： **agneau** アニョ
臓物： **abats** アバ
くだもの： **fruits** フリュイ
→くだものの名前は P118

▶ ▶ ▶ ☐ のアレルギーがあります。

Je suis allergique ☐ .

ジュ・スュイ・アレルジック ☐

甲殻類： **aux crustacés** オ・クリュスタセ
ナッツ： **aux arachides** オ・ザらシッドゥ
乳製品： **aux produits laitiers** オ・プロデュイ・レチエ
卵： **à l'œuf** ア・ルフ
蕎麦： **au sarrasin** オ・サらザン

飲みものの注文

- グラス1杯の ▭ をください。

    Un verre de ▭ , s'il vous plaît.
    アン・ヴェー・ドゥ ▭ スィルヴプレ

- ハーフボトルの ▭ を1本ください。

    Une demi bouteille de ▭ , s'il vous plaît.
    ユヌ・ドゥミ・ブテイユ・ドゥ ▭ スィルヴプレ

- フルボトルの ▭ を1本ください。

    Une bouteille de ▭ , s'il vous plaît.
    ユヌ・ブテイユ・ドゥ ▭ スィルヴプレ

ガスなしミネラルウォーター：**eau minérale plate** オ・ミネラル・プラットゥ

ガス入りミネラルウォーター：

eau minérale gazeuse / pétillante オ・ミネラル・ガズーズ／ペティヤントゥ

赤ワイン：**vin rouge** ヴァン・るージュ

白ワイン：**vin blanc** ヴァン ブロン

ロゼワイン：**vin rosé** ヴァン・ろゼ

シャンパン：**champagne** シャンパーニュ

（シャンパン1杯は **une coupe de champagne** ユヌ・クープ・ドゥ・シャンパーニュ）

シードル：**cidre** スィードゥる

（シードル1杯は **un bol de cidre** アン・ボル・ドゥ・スィードゥる）

→そのほかのドリンクはP41、43

- 普通の水をください。

    Une carafe d'eau, s'il vous plaît.
    ユヌ・カらフド・スィルヴプレ

    > 無料の水道水のこと

- 注文した［前菜／メイン］に合うワインを教えてください。

    Quel vin va avec [l'entrée / le plat] que j'ai commandé ?
    ケル・ヴァン・ヴァ・アヴェック［ロントゥれ／ル・プラ］クジェ・コマンデ↗

食事中

- 頼んだものとちがうのですが……。
  Ce n'est pas ce que j'ai commandé.
  スネパ・スク・ジェ・コマンデ

- 料理が来ないのですが……。
  Je n'ai toujours pas mon plat.
  ジュネ・トゥジューパ・モン・プラ

- もう少し焼いてください。
  Pouvez-vous cuire un peu plus ?
  ブヴェヴ・キュイー・アンプ・プリュス♪

- 料理がぬるいので温めなおしてください。
  Pouvez-vous réchauffer ce plat ?
  ブヴェヴ・れショフェ・スプラ♪

- パンをもっとください。
  Pouvez-vous me donner plus de pain ?
  ブヴェヴ・ムドネ・プリュス・ドゥ・パン♪

- [ミネラルウォーター／ワイン]をもう1本(杯)ください。
  Une autre bouteille [d'eau / de vin], s'il vous plaît.
  ユノトゥる・ブテイユ [ド／ドゥ・ヴァン] スィルヴプレ

🎀 エトセトラ

スタッフを呼び止めるときは、人差し指を軽く立て、「S'il vous plaît／スィルヴプレ」と控えめな声で言いましょう。

猫舌さんの多いフランスではスープでも熱々で出てこない場合が多々あります。さすがにぬるすぎると感じたら、温めなおしてもらいましょう。

- お済みになりましたか？
  Vous avez terminé ?
  ヴザヴェ・テルミネ↗

- おいしかったけれど、お腹がいっぱいになってしまいました。ごめんなさい。
  C'était trés bon mais je n'ai plus faim. Désolé(e).
  セテ・トれボン・メ・ジュネ・プリュ・ファン　デゾレ

- いいえ、まだです。
  Non, pas encore.
  ノン・パゾンコー

残して しまったら……

- はい、おいしかったです。
  Oui, merci. C'était très bon.
  ウィ・メルスィ　セテ・トれボン

- ［ナイフ／フォーク／ナプキン］を替えてください。
  Pouvez-vous me remplacer [le couteau / la fourchette / la serviette] ?
  プヴェヴ・ムろンプラセ［ル・クトー／ラ・フるシェットゥ／ラ・セルヴィエットゥ］↗

- トイレはどこですか？
  Où sont les toilettes ?
  ウソン・レトワレットゥ↗

メインが済んだら

- デザートはいかがですか？
  Désirez-vous un dessert ?
  デズィれヴ・アン・デセー↗

- メニューを見せてください。
  Je peux voir la carte, s'il vous plaît ?
  ジュプ・ヴォワー・ラ・カるトゥ・スィルヴプレ↗

- チョコレートを使ったデザートはありますか？
  Vous avez un dessert au chocolat ?
  ヴザヴェ・アン・デセー・オ・ショコラ↗

- 軽めのデザートはありますか？
  Vous avez un dessert plutôt léger ?
  ヴザヴェ・アン・デセー・プリュト・レジェ↗

食べる　レストラン&ブラッスリー

▶ 2人でシェアしても良いですか？

On peut partager un dessert à deux ?

オンプ・パルタジェ・アン・デセー・アドゥ↗

▶ （飲みものを）デザートと一緒に持ってきてもらえますか？

Je voudrais le prendre en même temps que le dessert.

ジュヴドゥれ・ルプらンドる・オンメームトン・クル・デセー

▶ ☐ をください。

☐ , s'il vous plaît.

☐ スィルヴプレ

〈飲みもの〉

コーヒー／エスプレッソ：

un café / un expresso アン・カフェ／アンネクスプれッソ

ノワゼット★1：**un café noisette** アン・カフェ・ノワゼットゥ

カフェインレスのエスプレッソ：**un déca** アン・デカ

カフェオレ：**un café crème** アン・カフェ・クれム

紅茶：**un thé** アン・テ　　ハーブティー：**une tisane** ユヌ・ティザンヌ

★1 ミルクが少し入ったコーヒー。

〈デザート〉

そば粉のクレープ★2：**Une galette (au sarrasin)** ユヌ・ガレットゥ（オ・サらザン）

小麦粉のクレープ★3：**Une crêpe (au froment)** ユヌ・クれップ（オ・フろモン）

チョコレートケーキ：**Un moelleux au chocolat / Un gâteau au chocolat**

アン・モワルゥ・オ・ショコラ／アン・ガトー・オ・ショコラ

チョコレートパフェ：**Un chocolat liégeois** アン・ショコラ・リエジョワ

チョコレートムース：**Une mousse au chocolat** ユヌ・ムゥス・オ・ショコラ

イル・フロッタント★4：**Une île flottante** ユヌ・イル・フロタントゥ

本日のデザート：**Un dessert du jour** アン・デセー・デュ・ジュー

★2 ハムやチーズの入った塩味クレープは「ガレット」と呼ぶ。　★3 フランスで「クレープ」というと小麦粉を使ったデザートクレープをさす。　★4 アングレーズソースにメレンゲが浮かぶデザート。

Café & Salon de thé
カフェ&サロン・ド・テ

朝から晩まで一日中開いていて、コーヒー1杯で休憩とトイレを済ませたり、簡単な食事をしたりと、便利に使えるカフェは、存在自体がフランスの文化のひとつと言っても過言ではないでしょう。一方、ここ数年でどんどん充実してきたのがサロン・ド・テ。コーヒー一筋だったフランス人もお茶に目覚めはじめたようです。どちらもレストランよりぐっと気楽なひとときが過ごせるので、ぜひ滞在中に行きつけのお店を見つけましょう。

食べる　カフェ＆サロン・ド・テ

☐ をください。　**Je voudrais** ☐ **.**　ジュヴドゥれ ☐
☐ **, s'il vous plaît.**　☐ スィルヴプレ

コーヒー
un café
アン・カフェ

カフェオレ
une café crème
ユヌ・カフェ・クれーム

紅茶
un thé
アン・テ

オランジーナ
un Orangina
アンノらンジーナ

生ビール
une bière pression
ユヌ・ビエー・プれッスィヨン

クロックマダム／
クロックムッシュ★1
**un croque madame /
un croque monsieur**
アン・クろック・マダム／
アン・クろック・ムッスユー

朝食セット
**une formule petit-
déjeuner**
ユヌ・フォるミュル・
プチデジュネ

クレーム・ブリュレ
une crème brûlée
ユヌ・クれーム・ブリュレ

キッシュ
une quiche
ユヌ・キッシュ

★1 食パンにホワイトソースを挟みチーズをのせて焼いたものがクロックムッシュ。クロックマダムはそれに目玉焼きをのせたもの。

43

エトセトラ

カフェは好きな席に座れますが、昼と夜の食事の時間帯に、お皿やナイフ＆フォークがセットされているテーブルは食事をする人向け。飲みものだけなら、そう伝えましょう。サロン・ド・テはレストランと同じく、案内されるまで待ちます。

カフェでは、まだ飲んだり食べたりしている途中にスタッフがやってきて、支払いを済ませてください、と言うことがあります。そのテーブルの担当者が交代になるため、早く帰ってほしいという意味ではありません。

どうしても早く会計を済ませたいときはレジに行って「Je vous dois combien ? ／ジュヴ・ドワ・コンビアン（おいくらですか)?」と聞くこともできます。

タバコはTabacと表示のあるカフェで買うことができますが日本より高めです。
（→喫煙マナーについてはP25)

話しかける前に、まずは「Bonjour」のあいさつを

- 食事はできますか？
  On peut manger ?
  オンプ・マンジェ↗

- 飲みものを飲むだけです。
  C'est juste pour boire.
  セ・ジュストゥ・プー・ボワー

- （コーヒーや紅茶に）ミルクをもらえますか？
  Pouvez-vous me donner du lait ?
  プヴェヴ・ムドネ・デュレ↗

- お水を1杯もらえますか？
  Un verre d'eau, s'il vous plaît.
  アン・ヴェード・スィルヴプレ

- ☐ をください。
  ☐ , s'il vous plaît.
  ☐ スィルヴプレ

〈温かい飲みもの〉

ダブルエスプレッソ： **un double expresso** アン・ドゥブル・エスプレッソ

ミルク入りエスプレッソ： **un café noisette** アン・カフェ・ノワゼットゥ

カフェインレスのエスプレッソ： **un déca** アン・デカ

アメリカンコーヒー： **un café allongé** アン・カフェ・アロンジェ

カプチーノ： **un cappuccino** アン・カプチノ

ハーブティー： **une infusion** ユナンフュジョン

ホットココア： **un chocolat chaud** アン・ショコラショ

ホットミルク： **un lait chaud** アン・レショ

ウインナーコーヒー： **un café viennois** アン・カフェ・ヴィエノワ

ウインナーココア： **un chocolat viennois** アン・ショコラ・ヴィエノワ

ホットワイン： **un vin chaud** アン・ヴァンショ

〈 冷たい飲みもの 〉

ジュース [オレンジ／リンゴ／アプリコット／パイナップル／トマト]：
un jus [d'orange / de pomme / d'abricot / d'ananas / de tomate]
アン・ジュ [ドランジュ／ドゥ・ポム／ダブリコ／ダナナス／ドゥ・トマトゥ]

絞りたてのオレンジジュース：**une orange pressée** ユノランジュ・プレッセ

絞りたてのレモンジュース*1：**un citron pressé** アン・スィトゥロン・プレッセ

コーラ：**un coca** アン・コカ

レモネード：**une limonade** ユヌ・リモナドゥ

アイスティー*2：**un thé glacé** アン・テ・グラッセ

アイスコーヒー*3：**un café glacé** アン・カフェ・グラッセ

小瓶入りビール：**une bière en bouteille** ユヌ・ビエー・オン・ブテイユ

パナシェ*4：**un panaché** アン・パナシェ

モナコ*5：**un monaco** アン・モナコ

グラスワイン：**un verre de vin** アン・ヴェー・ドゥ・ヴァン

キール・ロワイヤル*6：**un kir royal** アン・キー・ロワイヤル

★1 水と砂糖がついてくるので自分好みの味を作れる。　★2,3 どちらもないお店が多い。　★4 ビールをレモネードで割ったカクテル。　★5 パナシェにざくろシロップを加えたピンク色のビールカクテル。　★6 カシスのお酒をシャンパンで割ったカクテル。

〈 食事 〉

サラダ：**une salade** ユヌ・サラドゥ

オムレツ [プレーン／ハム／チーズ／ハーブ]：
une omelette nature / au jambon / au fromage / aux herbes
ユヌ・オムレットゥ [ナチュー／オ・ジャンボン／オ・フロマージュ／オ・ぜルブ]

サンドイッチ [ハム＆チーズ／ドライソーセージ／パテ]：
un sandwich [jambon fromage / au saucisson / au pâté]
サンドウィッチュ [ジャンボン・フロマージュ／オ・ソスィソン／オ・パテ]

塩味パウンドケーキ（ケーク）：**un cake salé** アン・ケイク・サレ

〈 デザート 〉

タルト・タタン：**une tarte tatin** ユヌ・タルトゥ・タタン

洋梨のタルト：**une tarte aux poires** ユヌ・タルトォ・ポワー

チョコレートパフェ：**un chocolat liégeois** アン・ショコラ・リエジョワ

ブランジュリー での基本的なやりとり

店員さんと会話しないと買いものはできないけれど、難しい言いまわしは不要。
無事においしいクロワッサンが買えたら幸せな気分に。

お店に入る

- こんにちは。
  Bonjour.
  ボンジュー

- こんにちは（いらっしゃいませ）。
  Bonjour, Madame.
  ボンジュー・マダム

商品を選ぶ　もっと詳しく→P49

- 次の方どうぞ。
  La personne suivante, s'il vous plaît.
  ラ・ぺるソン・スュイヴァントゥ・スィルヴプレ

- お決まりですか？
  Vous avez choisi ?
  ヴザヴェ・ショワズィ↗

- はい、[バゲット半分] と [クロワッサン1個] をください。
  Oui, je voudrais [une demi baguette] et [un croissant], s'il vous plaît.
  ウィ・ジュヴドゥれ [ユヌ・ドゥミバゲットゥ] エ [アン・クロワッサン] スィルヴプレ

- いいえ、まだです。
  Non, pas encore.
  ノン・パゾンコー

- 以上でよろしいですか？
  Ce sera tout ?
  ススら・トゥ↗

- はい、それでけっこうです。
  Oui, c'est tout.
  ウィ・セ・トゥ

- いいえ、[ブリオッシュ] もひとつください。
  Non, je voudrais [une brioche] en plus.
  ノン・ジュヴドゥれ [ユヌ・ブリオッシュ] オン・プリュス

会計〜お店を出る

● ［2.60ユーロ］になります。
袋にお入れしますか？

Ca fait [deux euros soixante], s'il vous plaît. Vous voulez un sac ?
サフェ［ドゥズューろ・スワサントゥ］
スィルヴプレ　ヴレ・アン・サック↗

▶ はい、お願いします。

Oui, s'il vous plaît.
ウィ・スィルヴプレ

▶ いいえ、けっこうです。

Non, merci.
ノン・メるスィ

▶ （3ユーロを渡して）どうぞ。

Voici.
ヴォワスィ

● ありがとうございます。
［40サンチーム］のお返しになります。

Merci. Et [quarante centimes] pour vous.
メるスィ　エ［キャラントゥ・サンチーム］
プーヴ

▶ ありがとうございました。
さようなら。良い1日を。

Merci, au revoir. Bonne journée.
メるスィ・オヴォワー　ボヌ・ジュるネ

● ありがとうございました。
良い1日を。

Merci à vous. Bonne journée.
メるスィ・アヴ　ボヌ・ジュるネ

Boulangerie, Patisserie & Chocolaterie
ブランジュリー＆パティスリー＆ショコラトリー

パンとパティスリーとチョコレートは、パリに来たら必ず味わいたいフランスが誇る食文化。焼きたてのバゲットはやみつきになるおいしさです。また、日本から多くのパティシエたちが修業に来る本場のパティスリーも必ず試してみたいですね。買うものが目の前に並んでいて、シンプルな会話でも十分コミュニケーションができるシチュエーションなので、フランス語を実践してみる良いチャンスでもあります。

- [よく焼けた／あまり焼きすぎていない] バゲットをお願いします。
 Une baguette [bien cuite / pas trop cuite], s'il vous plaît.
 ユヌ・バゲットゥ[ビアン・キュイットゥ／パトロ・キュイットゥ] スィルヴプレ

- （丸や四角のパンを）スライスしてもらえますか？
 Pouvez-vous le trancher ?
 プヴェヴ・ルトろンシェ♪

 > スライスが有料（0.10ユーロ前後）のお店も

- 温めてもらえますか？
 Pouvez-vous réchauffer ?
 プヴェヴ・れショフェ♪

 > ピザなどのお惣菜パンは温めてくれる

- 何日保存できますか？
 Combien de jours ça se conserve ?
 コンビアン・ドゥジュー・サス・コンせるヴ♪

- 冷蔵庫で保存する必要がありますか？
 Il faut le mettre au frais ?
 イルフォ・ルメットゥる・オ・フれ♪

 > 持ち帰り用のビニール袋が有料のお店も

- 袋をください。
 Pouvez-vous me donner un sac ?
 プヴェヴ・ムドネ・アン・サック♪

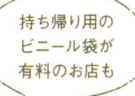

- チョコレート [6個入り] アソートを1箱ください。（→数字はP184）
 Un assortiment de [six] chocolats, s'il vous plaît.
 アンナソるティモン・ドゥ [スィ] ショコラ・スィルヴプレ

- [コーン／カップ] でアイスを1スクープください。
 **Je voudrais une boule de glace
 [en cornet / en pot].**
 ジュヴドゥれ・ユヌ・ブル・ドゥ・グラス
 [オン・コるネ／オン・ポ]

エトセトラ

夏になるとアイスクリームを売るパティスリーやショコラトリーがあります。

☐ をください。 **Je voudrais** ☐ **.** ジュヴドゥれ ☐
☐ **, s'il vous plaît.** ☐ スィルヴプレ

2つ以上のものを買うときは、単語を「et」でつなぐ

バゲット
une baguette
ユヌ・バゲットゥ

パン・ドゥ・カンパーニュ
un pain de campagne
アン・パン・ドゥ・カンパーニュ

クロワッサン
un croissant
アン・クろワッサン

パン・オ・ショコラ
un pain au chocolat
アン・パン・オ・ショコラ

ショソン・オ・ポム[★1]
un chausson aux pommes
アン・ショソン・オ・ポム

サンドイッチ
un sandwich
アン・サンドウィッチュ

★1 アップルパイ。

〈パン〉
バゲット半分: **une demi baguette** ユヌ・ドゥミ・バゲットゥ
フィセル[★2]: **une ficelle** ユヌ・フィセル
[穀物／ライ麦／クルミ／イチジク] パン:
un pain [aux céréales / au seigle / aux noix / aux figues]
アン・パン [オ・セれアル／オ・セグル／オ・ノワ／オ・フィグ]
ミルクパン: **un pain au lait** アン・パン・オレ
レーズンパン: **un pain aux raisins** アン・パン・オ・れザン
ブリオッシュ: **une brioche** ユヌ・ブリオッシュ

★2 細いバゲット。

食べる　ブランジュリー&パティスリー&ショコラトリー

ルリジューズ★3
une religieuse
ユヌ・るリジューズ

パリ・ブレスト★4
un Paris-Brest
アン・パリ・ブれストゥ

エクレア
［チョコレート／コーヒー］
un éclair
［**au chocolat / au café**］
アン・ネクレー
［オ・ショコラ／オ・カフェ］

マカロン
un macaron
アン・マカロン

フレジエ★5
un fraisier
アン・フれズィエ

サントノレ★6
un Saint-Honoré
アン・サントノれ

★3「修道女」という名前のシュー菓子。　★4 シュー生地とプラリネクリームのケーキ。　★5 いちごのケーキ。
★6 クリームをつめたミニシューのケーキ。

〈 チョコレート 〉

一口サイズのチョコレート★7：**un bonbon chocolat** アン・ボンボン・ショコラ

［ブラック／ミルク／ホワイト］の板チョコレート：
 une tablette de chocolat ［**noir / au lait / blanc**］
 ユヌ・タブレットゥ・ドゥ・ショコラ［ノワー／オレ／ブラン］

アソート：**un assortiment** アンナソルティモン

パート・ドゥ・フリュイ：**une pâte de fruits** ユヌ・パットゥ・ドゥ・フリュイ

ギモーヴ（マシュマロ）：**une guimauve** ユヌ・ギモーヴ

★7 アソート以外は量り売りの場合が多い。

51

Traiteur
お惣菜屋さん

日本ではデパ地下やスーパーで買うことが多いお惣菜ですが、パリではお惣菜専門店（traiteur／トレトゥー）を多く見かけます。一軒で前菜、メイン、デザートすべてがそろうのでラクチン。ブランジュリーでバゲットも買って、ホテルのお部屋でのんびり夕食するのも旅の楽しみのひとつです。

- ▶ ▭ を［200］グラムください。（→数字はP184）
  [Deux cents] g de ▭, s'il vous plaît.
  ［ドゥソン］グラム・ドゥ ▭ スィルヴプレ

- ▶ ▭ を［1人］分ください。（→数字はP184）
  ▭ pour [une personne], s'il vous plaît.
  ▭ プー［ユヌ・ぺるソンヌ］スィルヴプレ

トマト・ファルシ★1：tomate farcie トマトゥ・ファるスィ
キッシュ・ロレーヌ★2：quiche lorraine キッシュ・ロれーヌ
グラタン・ドフィノワ★3：gratin dauphinois グらタン・ドフィノワ
パテ：Pâté パテ　テリーヌ：terrine テリーヌ
スモークサーモン：saumon fumé ソモン・フュメ
卵のゼリー寄せ：œuf en gelée ウフ・オン・ジュレ
ブシェ・ア・ラ・レーヌ★4：bouchée à la reine ブシェ・アラ・れーヌ
ニンジンサラダ：carottes rapées カロットゥ・らぺ
フォアグラ：foie gras フォアグら　タブレサラダ：taboulé タブレ
ライスサラダ：salade de riz サラドゥ・ドゥりー

★1 トマトの肉づめ。　★2 ベーコンのキッシュ。　★3 ニンニク風味のポテトグラタン。　★4 鶏肉や仔牛の胸腺肉、マッシュルームのクリームシチューをつめたパイ。

食べる　お惣菜屋さん

> パスタサラダ：**salade de pâtes** サラドゥ・ドゥ・パットゥ
> 角切り野菜のマヨネーズサラダ：**salade macédoine** サラドゥ・マセドワンヌ
> ピエモンテ風ポテトサラダ：**salade piémontaise** サラドゥ・ピエモンテーズ
> 根セロリサラダ：**céleri rémoulade** セルリ・れムラードゥ

- この場で食べます。
  Je mange sur place.
  ジュ・マンジュ・スュー・プラス

- 持ち帰りにします。
  C'est pour emporter.
  セ・プー・オンポるテ

- もう少し［増やして／減らして］ください。
  Un peu [plus / moins], s'il vous plaît.
  アンプ［プリュス／モワン］スィルヴプレ

- ＿＿＿ ユーロぐらいください。（→数字はP184）　*量り売りで*
  Servez m'en pour ＿＿＿ euros environ.
  セるヴェ・モン・プー ＿＿＿ ウーロ・オンヴィろん

- それでおいくらくらいになりますか？
  Pouvez-vous me dire le prix ?
  プヴェヴ・ムディー・ルプリ♪

- それでけっこうです、ありがとう。　*軽く手を上げて*
  C'est bien. Merci.
  セビアン　メるスィ

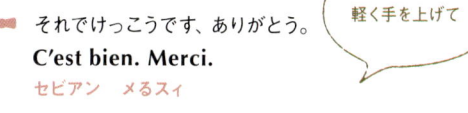

- （買いたいものは）それで全部です。
  C'est tout.
  セ・トゥ

- 温めてください。
  Pouvez-vous réchauffer ?
  プヴェヴ・れショフェ♪

- ［ナイフ、フォーク、スプーン／紙ナプキン］をください。
  [Des couverts / Une serviette], s'il vous plaît.
  ［デ・クヴェー／ユヌ・セるヴィエットゥ］スィルヴプレ

Fromagerie
チーズ屋さん

1年365日、毎日ちがうチーズを食べられると言われるほど種類豊富なフランスのチーズ。チーズ好きな人はもちろん、あまり食べ慣れないという人も、一度は本場の味を試してみたいものです。ここで紹介するフレーズを駆使すれば、いろんな種類のチーズを少しずつ買って楽しめますよ。

▰ ☐ をください。

Je voudrais ☐ , s'il vous plaît.
ジュヴドゥれ ☐ スィルヴプレ

牛のミルクのチーズ：**un fromage au lait de vache**
アン・フロマージュ・オレ・ドゥ・ヴァッシュ

山羊のミルクのチーズ：**un fromage au lait de chèvre**
アン・フロマージュ・オレ・ドゥ・シェーヴる

羊のミルクのチーズ：**un fromage au lait de brebis**
アン・フロマージュ・オレ・ドゥ・ブるビ

青カビ系のチーズ：**un fromage bleu** アン・フロマージュ・ブル

生乳のチーズ：**un fromage au lait cru** アン・フロマージュ・オレ・クりュ

加熱殺菌したミルクのチーズ：**un fromage au lait pasteurisé**
アン・フロマージュ・オレ・パストゥりゼ

日本人に人気のチーズ：**des fromages qui plaisent aux japonais**
デ・フロマージュ・キ・プレゾ・ジャポネ

カマンベール（白カビ）：**un camembert de Normandie**
アン・カモンベー・ドゥ・ノるマンディ

ロックフォール（青カビ）：**un roquefort** アン・ロックフォー

リヴァロ（ウォッシュ）：**un livarot** アン・リヴァろ

食べる　チーズ屋さん

● このぐらいでよろしいですか？
  Comme ça, ça vous va ?
  コムサ・サヴァ↗

  まるごと買わない場合は、大きさを確認しながら切ってくれる

● はい、それでいいです。
  Oui, c'est bien.
  ウィ・セビアン

● もう少し［大きく／小さく］してください。
  Un peu [plus / moins], s'il vous plaît.
  アンプ［プリュス／モワン］スィルヴプレ

● それでおいくらくらいになりますか？
  Pouvez-vous me dire le prix ?
  プヴェヴ・ムディー・ルプリ↗

● ［あまり熟成しすぎていないもの／しっかり熟成しているもの］が好みです。
  Je préfère [pas trop / bien] affiné.
  ジュ・プレフェー［パトゥロ／ビアン］アフィネ

● あまりクセのないチーズはどれですか？
  Quels sont les fromages pas trop forts ?
  ケルソン・レフロマージュ・パトゥロ・フォー↗

● 味見させてもらえますか？
  Je peux goûter, s'il vous plaît ?
  ジュプ・グテ・スィルヴプレ↗

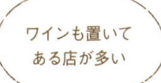

  ワインも置いてある店が多い

● このチーズにはどんなワインが合いますか？
  Quel vin vous me conseillez avec ce fromage ?
  ケル・ヴァン・ヴム・コンセイエ・アヴェック・スフロマージュ↗

● 何日保存できますか？
  Combien de jours ça se conserve ?
  コンビアン・ドゥジュー・サス・コンセルヴ↗

● 真空パックしてもらえますか？
  Pouvez-vous le mettre sous vide ?
  プヴェヴ・ルメットゥル・スーヴィドゥ↗

  飛行機で持ち帰りやすいよう真空パックしてくれるお店も

55

Cave à vin
ワイン屋さん

家族や友達へのおみやげにワインを選びたい、でも何を選べばいいのかわからない……。どうぞ安心してください。フランス人だってアドバイスを聞いてからワインを選ぶ人はたくさんいます。赤、白、ロゼ、希望の値段、軽めか重めか、最低これだけ伝われば、きっと好みのワインに巡り会えますよ。

▸ ☐ を探しています。
Je cherche ☐.
ジュ・シェるシュ ☐

赤ワイン：**un vin rouge** アン・ヴァン・るージュ
白ワイン：**un vin blanc** アン・ヴァン・ブラン
ロゼワイン：**un vin rosé** アン・ヴァン・ろゼ
シャンパン：**un champagne** アン・シャンパーニュ
ボルドーワイン：**un vin de Bordeaux** アン・ヴァン・ドゥ・ボるドー
ブルゴーニュワイン：**un vin de Bourgogne** アン・ヴァン・ドゥ・ブるゴーニュ
ロワールワイン：**un vin de Loire** アン・ヴァン・ドゥ・ロワー
コート・デュ・ローヌワイン：**un vin des Côtes du Rhône**
アン・ヴァン・デ・コットゥ・デュ・ローヌ
アルザスワイン：**un vin d'Alsace** アン・ヴァン・ダルザス
ラングドックワイン：**un vin du Languedoc** アン・ヴァン・デュ・ラングドック
スパークリングワイン：**un vin pétillant** アン・ヴァン・ペティヤン
シードル：**du cidre** デュ・スィードゥる
食前酒：**un apéritif** アンナペリティフ
食後酒：**un digestif** アン・ディジェスティフ

食べる　ワイン屋さん

- ▭ なワインが好みです。

  Je préfère un vin ▭ .

  ジュ・プれフェー・アン・ヴァン ▭

  | 辛口：sec セック | 甘口：doux ドゥ | 軽い：léger レジェ |
  | どっしりした：corsé コルセ | フルーティー：fruité フりュイテ | |

- どのワインがおすすめですか？

  Quel vin vous me conseillez ?

  ケル・ヴァン・ヴム・コンセイエ↗

- ▭ ユーロぐらいでおすすめのワインはありますか？（→数字はP184）

  Pouvez-vous me conseiller un vin autour de ▭ euros ?

  プヴェヴ・ム・コンセイエ・アン・ヴァン・オトゥードゥ ▭ ウーろ↗

- ハーフボトルはありますか？

  Avez-vous des demi bouteilles ?

  アヴェヴ・デ・ドゥミブテイユ↗

- お手頃な［ワイン／シャンパン］を探しているのですが……。

  Je cherche [un vin / un champagne] à un prix raisonnable.

  ジュ・シェるシュ［アン・ヴァン／アン・シャンパーニュ］ア・アン・プリ・れゾナブル

- このワインの適温を教えてください。

  Il doit être servi à quelle température ?

  イル・ドワテトゥる・セるヴィ・ア・ケル・トンペらチューる↗

- ［常温で／冷やして］飲んでください。

  Il doit être servi à température [ambiante / fraîche].

  イル・ドワテトゥる・セるヴィ・ア・トンペらチュー［アンビアントゥ／フれッシュ］

- 冷えたシャンパンはありますか？

  Avez-vous une bouteille de champagne frais ?

  アヴェヴ・ユヌ・ブテイユ・ドゥ・シャンパーニュ・フれ↗

- ［肉料理／魚料理／チーズ］に合うワインはどれですか？

  Quel vin va bien avec [la viande / le poisson / le fromage] ?

  ケル・ヴァン・ヴァ・アヴェック［ラ・ヴィアンドゥ／ル・ポワッソン／ル・フろマージュ］↗

Problèmes 1

食べる にまつわるトラブル

レストランでのせっかくの食事がちょっとしたトラブルで台無しになったら悲しすぎます。何か問題が発生したときは、スタッフの方には丁寧に、でもはっきりと伝えて、最後は気持ちよくお店を出られたらいいですね。

予約

予約したのに、入っていないと言われたとき

- [電話で／メールで] 確かに予約を入れました。
  J'ai bien réservé par [téléphone / mail].
  ジェ・ビアン・れゼルヴェ パー [テレフォン／メル]

ほかの名前で予約を入れた可能性がある場合

- ☐ の名前では予約が入っていませんか？
  Vous n'avez pas de réservation au nom de ☐ ?
  ヴナヴェパドゥ・れゼるヴァシオン・オノンドゥ ☐ ↗

- （予約が入っていなくても）食事はできますか？
  Vous avez une table quand même ?
  ヴザヴェ・ユヌ・ターブル・カンメーム↗

- 予定より1人 [減りました／増えました]。大丈夫ですか？
  Il y a une personne [en moins / en plus] que prévu. Est-ce que ça va ?
  イリヤ・ユヌ・ぺるソン [オンモワン／オンプリュス] クプれヴュ　エスク・サヴァ↗

会計

- （指さしながら）これは注文していないのですが……。
  Je n'ai pas commandé ça.
  ジュネパ・コマンデサ

- これはこのテーブルの勘定書ではないと思うのですが……。
  J'ai l'impression que vous vous êtes trompé de table.
  ジェ・ランプれッスィオン・ク・ヴヴゼットゥ・トゥろンペ・ドゥターブル

- 計算が間違っているようなのですが……。
  J'ai l'impression qu'il y a une erreur dans le total.
  ジェ・ランプれッスィオン・キリヤ・ユネるー・ダン・ルトタル

- すみません、おつりをいただけますか?
  Pardon, pouvez-vous me rendre la monnaie ?
  パルドン・プヴェヴ・ムろンドる・ラモネ⤴

お店を出てから

- ☐ を席に忘れてしまいました。
  J'ai oublié ☐ sur la chaise.
  ジェ・ウブリエ ☐ スュー・ラシェーズ

私の帽子	mon chapeau	モン・シャポ
私の傘	mon parapluie	モン・パらプリュイ
私のマフラー	mon écharpe	モンネシャるプ
私の手袋	mes gants	メガン
私の紙袋	mon sac en papier	モン・サック・オン・パピエ
私のバッグ	mon sac	モン・サック

ホテルのフロントスタッフにレストランの電話番号を渡して

- ☐ を忘れてしまったので、このレストランに電話をして確認してもらえますか?
  J'ai oublié ☐ dans ce restaurant. Pouvez-vous les appeler pour le vérifier ?
  ジェ・ウブリエ ☐ ダン・スれストらん プヴェヴ・レザプレ・プー・ル・ヴェリフィエ⤴

- [今すぐ/明日] 取りに行きます。それまで取っておいてもらえますか?
  Je vais venir le chercher [tout de suite / demain].
  Pouvez-vous le mettre de côté en attendant ?
  ジュヴェ・ヴニー・ルシェるシェ [トゥドゥスゥイットゥ/ドゥマン]
  プヴェヴ・ルメットゥる・ドゥコテ・オンナトンダン⤴

Infos utiles 1

レストランの予約の仕方&メニューの読み方

必ずこのお店で食べたい、という場合は予約をおすすめします。でも、よほどの人気店でない限り、何ヵ月も前からの予約は不要。パリに到着してからでもたいていは間に合います。

レストランを予約する

●ホテルのスタッフに予約をお願いする
いちばんおすすめの方法です。次の情報を紙に書いて伝え、予約してもらいましょう。

▶ このレストランを予約していただけますか？

Pouvez-vous réserver ce restaurant pour moi, s'il vous plaît ?
プヴェヴ・れぜるヴェ・スれストラン・プーモワ・スィルヴプレ↗

Nom du restaurant（店名）：_____ **Date**（日付、曜日）：_____
Heure（時間）：_____ **Nombre de personnes**（人数）：_____
Au nom de（本人または予約者の名前）：_____

> 日付は月日の順、時間は24時間表記で

●メールで予約する
近ごろはホームページのあるお店も増えてきました。
メールでの予約が可能な場合は、次の英文フォームを使ってください。

Dear Sir or Madame,
My name is Hanako Sato（予約者の名前）**.**
I would like to reserve for 2 persons（人数）
on March 10th at 20:00（月・日 at 時間）**.**
Please let me know the availability
and give me a confirmation by return.
Thank you in advance.
Best Regards, Hanako Sato

ご担当者さま　私は佐藤花子と申します。3月10日の20時に、2名で予約を希望します。空席状況と予約確定の旨を折り返しお知らせください。　佐藤花子

メニューを読む

一般的に、メニューはお店が提供するすべての料理が紹介されている「アラカルト」と、選択肢が少ない分お得な価格設定になっている「コース」に分かれています。黒板メニューのみのお店もありますが、書き方はほぼ同じ。ここではコースの例をご紹介します。

[★1] **Menu du midi** 〈昼のコース〉

[★2] **Entrée et Plat ou Plat et Dessert : 27€**
前菜+メインまたはメイン+デザート

Entrée, Plat et Dessert : 33€
前菜+メイン+デザート

[★3] **Entrées** 〈前菜〉
Terrine de Foie Gras de canard　鴨のフォアグラのテリーヌ
Six huîtres (sup. : 2,50€)[★4]　生ガキ6個(追加2.50€)

Plats 〈メイン〉
Tartare de Bœuf Charolais, pommes frites
シャロレ牛のタルタル、フライドポテト
Pavé de Saumon de Norvège rôti　ノルウェー産サーモンのロースト

Desserts 〈デザート〉
Crème brûlée à la vanille　バニラ風味のクレーム・ブリュレ
Moelleux au chocolat, crème glacée à la vanille
チョコレートケーキ、バニラアイス添え

★1 **menu**(ムニュ)はコース料理のこと。昼のコースは **menu du midi**(ムニュ・デュ・ミディ)、夜のコースは **menu du soir**(ムニュ・デュ・ソワー)。日本語で言うところのメニューは、**carte**(カルトゥ)と言います。また主にランチタイムのリーズナブルなセットのことを **formule**(フォルミュル)と呼ぶこともあります。アラカルトやコースとは別に、日替わりの「本日のメイン料理」、**plat du jour**(プラ・デュ・ジュー)のあるお店もあります。

★2 前菜+メインまたはメイン+デザートの2品だけを取るか、3品すべて取るか選べます。なお、「**et** /エ」は英語の「and」、「**ou** /ウ」は英語の「or」と同じ意味です。

★3 前菜、メイン、デザート、どれも複数の料理から1品を選びます。

★4 この前菜を選ぶとコース代金に2.50ユーロ追加になるという意味です。

{ 買う }

Acheter

たとえたくさんの言葉を交わさなくても、身ぶり手ぶりでお買いものをすることはできますが、せっかくのパリ旅行、店員さんと会話をしながら欲しいものを見つけられたら、きっと素敵な思い出がひとつ増えるはず。日本とはちょっと異なる、フランスならではのルールやコツを覚えて、よりスムーズに、より楽しく、笑顔でパリのショッピングを満喫しましょう。

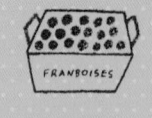

パリで気持ちよくお買いものするための6のヒント

1. まずはあいさつ

お店に入ったらまずは「Bonjour／ボンジュー」のあいさつを。フランスには「いらっしゃいませ」にあたる言葉がなく、店員さんも「Bonjour／ボンジュー」と返してくれます。

2. 店員さんを呼び止める

小さなお店では店員さんが必ず声をかけてきます。目当てのものがあればその旨をすぐに伝えましょう。タイミングを逃すと、試着や質問をしたいときに、ほかの客の相手をしていてすぐにつかまらないことも。大きな店舗では特に声をかけてくることはないので、質問があれば自分から「S'il vous plaît／スィルヴプレ」と呼び止めて。

3. 見る前にひと声かける

服や靴、アクセサリーに限らず、広げて見たり、試着したりするときは店員さんにひと声かけるのがベターです。

4. 会計はあせらずに

スーパーなどで、後ろに人が並んでいてもあせることはありません。フランスではみんな案外気長に待ってくれるので、おつりを確認して、財布はしっかりバッグにしまいましょう。

5. スリに注意

マルシェや蚤の市では、基本的に現金で支払うので、前もって準備をしておきましょう。体が触れるほどの人混みの中では、くれぐれもスリには気をつけ、必要最低限の現金を持ち歩くようにしましょう。

6. 最後にあいさつ

たとえ何も買わなくても、お店を出るときは「Merci, au revoir／メルスィ・オヴォワー」とあいさつをしましょう。

買う の基本6フレーズ

習慣のちがいはあれど、「欲しいものを伝えて値段を確認すること」ができれば
どの国でもお買いものができます。あとはあいさつができればばっちり。

1

☐ を探しています。

Je cherche ☐ .
ジュ・シェるシュ ☐

あっという間に時間が過ぎてしまうお買いもの。特におみやげ探しは、なるべく手間
をかけずに済ませたいですよね。そのためには、お店の人に質問するのがいちばん。
「Je voudrais ／ジュヴドゥれ」も同じように使えます。

2

見ているだけです。

Je regarde seulement.
ジュ・るガるドゥ・スルモン

どのお店でも、フランスでは店員さんが「ご用をうかがいましょうか？」と声をかけて
くれます。とりあえずゆっくり見てまわりたい場合は、このフレーズを使いましょう。
長過ぎて覚えられないなら「Non, merci ／ノン・メるスィ」を代用しても OK。

3

試着していいですか？

Je peux l'essayer ?
ジュプ・レセイエ♪

日本と同じく、試着をする際は店員さんにひと言かけるのがベターです。動詞の
「essayer ／エセイエ」は「試す」という意味なので、洋服に限らず、靴、アクセサリー、
スカーフ、サングラスなど、いろんなものを身につけて試したいときに使えます。

④

おいくらですか？

C'est combien ?
セ・コンビアン♪

商品に値札のついていない蚤の市や、手書きの数字が読みづらいマルシェで大活躍するフレーズ。セール中で割引後の値段がはっきりわからないときにも使えます。会計のときにびっくりしないためにも、その都度確認すると安心ですね。

⑤

これを買います。

Je prends ça.
ジュ・プロン・サ

買いたいものが決まったら、商品を示してこのフレーズを。名前がわからなくても「ça／サ（これ）」で伝わります。2つ以上のものが欲しいときは「Je prends ça et ça.／ジュ・プロン・サ・エ・サ」という風に「ça／サ（これ）」を繰り返せばOK。

⑥

これですべてです。

C'est tout.
セ・トゥ

「欲しいものは以上」と伝える大切なフレーズ。複数のものを買うマルシェでは、このひと言を合図に会計をしてくれます。洋服屋さんなどで「ほかには？」と聞かれたときは、「Non, c'est tout.／ノン・セ・トゥ」と答えましょう。

洋服屋さん での基本的なやりとり

パリでのお買いものは、店員さんとの会話が大切です。ここでは、洋服屋さんを例にお店での一般的なやりとりを紹介します。

お店に入る〜洋服を探す　もっと詳しく→P71

こんにちは。
Bonjour.
ボンジュー

こんにちは。
Bonjour.
ボンジュー

何かお探しですか？
Est-ce que je peux vous aider ?
エスク・ジュプ・ヴゼデ↗

はい、[トップス]を探しています。
Oui, je cherche [un petit haut].
ウィ・ジュ・シェるシュ [アン・プチオ]

いえ、特にないです。
ちょっと見させてください。
Non merci. Je voudrais juste regarder.
ノン・メるスィ　ジュヴドゥれ・ジュストゥ・るガるデ

どうぞ、ご覧ください。
何かありましたら
声をおかけください。
Je vous en prie. N'hésitez pas à m'appeler si vous avez besoin.
ジュヴザゾンプリ　ネジテパ・アマプレ・シヴザヴェ・ブズワン

はい、ありがとうございます。
Oui, merci.
ウィ・メるスィ

試着　もっと詳しく→P76

すみません、[このワンピース]を試着してもいいですか？
S'il vous plaît. Je peux essayer [cette robe] ?
スィルヴプレ　ジュプ・エセイエ [セット・ろブ] ↗

●	もちろんです。サイズはいくつですか？	**Bien sûr. Vous faites quelle taille ?** ビアンシュー　ヴ・フェットゥ・ケルタイユ⤴
▶	[36]です。	**Je fais du [trente-six].** ジュフェ・デュ［トロントスィス］
●	探してきます、少々お待ちください。	**Veuillez patienter un instant.** ヴイエ・パシオンテ・アンナンスタン
●	すみません、そのサイズはすべて売り切れました。	**Nous n'avons plus cette taille. Désolé.** ヌナヴォン・プリュ・セットゥ・タイユ　デゾレ
●	では、こちらの試着室へどうぞ。	**Vous pouvez utiliser cette cabine d'essayage.** ヴプヴェ・ユティリゼ・セットゥ・カビンヌ・デセイヤージュ
●	お気に召しましたか？	**Alors, ça vous plaît ?** アロー・サヴプレ⤴
▶	はい。[このワンピース]を買います。	**Oui. Je prends [cette robe].** ウィ　ジュ・プロン［セットゥ・ロブ］
▶	いいえ。あまり似合わないので買いません。	**Non, ça ne me convient pas. Merci.** ノン・サヌム・コンヴィアン・パ　メるスィ
●	ほかにご覧になりたいものはありますか？	**Voulez vous voir autre chose ?** ヴレヴ・ヴォワー・オートる・ショーズ⤴
▶	いいえ、これですべてです。	**Non, c'est tout. Merci.** ノン・セ・トゥ　メるスィ
▶	はい、もう少し見てまわります。	**Oui. Je vais faire un petit tour dans le magasin.** ウィ　ジュヴェ・フェー・アンプチ・トゥー・ダンル・マガザン
●	決められた[ワンピース]をお預かりします。	**Je mets [la robe] de côté en attendant.** ジュメ［ラ・ロブ］ドゥコテ・オンナトンダン
▶	お願いします。	**Merci.** メるスィ

会計　もっと詳しく → P77

● では、こちらでお支払いを
お願いします。

Je vous accompagne à la caisse.
ジュヴ・ザコンパーニュ・アラケス

● [89ユーロ] になります。

Ça fait [quatre-vingt-neuf euros], s'il vous plaît.
サフェ [カトるヴァン・ヌフ・ウーろ]
スィルヴプレ

▶ クレジットカードで支払います。

Je paie par carte.
ジュ・ペイ・パー・カるトゥ

▶ 現金で支払います。

Je paie en espèces.
ジュ・ペイ・オンネスペス

● 暗証番号を押してください。

Veuillez taper votre code, s'il vous plaît.
ヴイエ・タペ・ヴォトゥる・コッドゥ・
スィルヴプレ

● こちらが、商品レシートと
カードのレシートになります。

Voici le ticket de caisse et le ticket de carte.
ヴォワスィ・ルチケ・ドゥ・ケス・エ・ルチケ・
ドゥ・カるトゥ

● プレゼント用に包みますか？

Voulez-vous un paquet cadeau ?
ヴレヴ・ヴ・アン・パケカドナ

▶ はい、お願いします。

Oui, s'il vous plaît.
ウィ・スィルヴプレ

▶ いいえ、けっこうです。

Non, merci.
ノン・メるスィ

お店を出る

- どうもありがとうございました。良い1日を。

  Merci à vous. Je vous souhaite une bonne journée.
  メるスィ・アヴ　ジュヴ・スウェットゥ・ユヌボヌ・ジュるネ

- どうもありがとう。さようなら。

  Merci beaucoup. Au revoir.
  メるスィボク　オヴォワー

Magasin de vêtements
洋服屋さん

かわいい洋服屋さんめぐりを、パリ旅行の大きな目的のひとつに挙げる人はきっと多いことでしょう。商品をじっくり眺めて試着をして、納得ゆくまで吟味したいところですが、時間のない旅行中は、サイズや色のバリエーションなど、店員さんに質問するのがいちばん。次のフレーズを参考に、店員さんとのコミュニケーションを楽しみながら、日本では見つけることのできない、パリらしいとっておきの一着に出会いましょう。

買う　洋服屋さん

お店に入ったら

「Bonjour」とあいさつしながらお店へ

- ☐ を探しています。(→詳しくはP72)
  Je cherche ☐ .
  ジュ・シェるシュ ☐

- ちょっと見させてもらっていいですか？
  Je voudrais juste regarder.
  ジュヴドゥれ・ジュストゥ・るガるデ

- [レディス／メンズ／ベビー・子ども服]は扱っていますか？
  Avez-vous des vêtements pour [femme / homme / bébé-enfant] ?
  アヴェヴ・デ・ヴェトゥモン・プー [ファム／オム／ベベ・オンファン]↗

- すみません、質問があります。
  Excusez-moi. Je voudrais vous poser une question.
  エクスキュゼ・モワ　ジュヴドゥれ・ヴポゼ・ユヌ・ケスチオン

- この商品を広げて見ても良いですか？
  Je peux le déplier pour regarder ?
  ジュプ・ル・デプリエ・プー・るガるデ↗

- ☐ のブランドは扱っていますか？
  Vous avez la marque ☐ ?
  ヴザヴェ・ラ・マるク ☐ ↗

雑誌や本を見せて

- この写真のアイテムを探しています。
  Je cherche la même chose que sur cette photo.
  ジュ・シェるシュ・ラメーム・ショーズ・ク・スュー・セットゥ・フォト

セレクトショップやデパートで

- [ショーウインドウ／マネキン]に飾ってある服はどれですか？
  Je voudrais voir le même vêtement que [la vitrine / le mannequin].
  ジュヴドゥれ・ヴォワー・ルメーム・ヴェトゥモン・ク [ラ・ヴィトリヌ／ル・マヌカン]

✤ エトセトラ

洋服店に限らず、お店に入るとこうして店員さんが声をかけてくるのがフランスの習慣。探しものや買いたいものがわかっている場合は、すぐに質問しましょう。とりあえず見るだけという人は、はっきりそう伝えれば何の問題もないので、気兼ねなく自分のペースで店内を見てまわりましょう。

H&MやZARAのような大型チェーン店では、「Bonjour／ボンジュー」のあいさつだけで特に用件を聞きにはきません。

小さな店や高級店では、洋服を広げる前に店員さんに断りを入れましょう。

大型チェーン店では、断る必要なく自由に広げて見たり、キープしたい商品を手に持って店内を見続けてもまったく問題ありません。

洋服を探す

☐ を探しています。**Je cherche** ☐ . ジュ・シェるシュ ☐

☐ はありますか？ **Vous avez** ☐ ? ヴザヴェ ☐ ↗

トップス
（ボーダーシャツ）★1
**un haut /
une marinière**
アン・オ／ユヌ・マリニエー

スカート★2
une jupe
ユヌ・ジュップ

ブラウス
un chemisier
アン・シュミズィエ

パンツ
un pantalon
アン・パンタロン

ワンピース
une robe
ユヌ・ろブ

コート
un manteau
アン・マントー

ニット★3
un pull en maille
アン・ピュル・オン・マイユ

カーディガン★4
un gillet
アン・ジレ

ジャケット
une veste
ユヌ・ヴェストゥ

★1 フランス語で「上」を意味する単語。「petit haut／プチ・オ」と呼ぶこともある。　★2 ミニは「mini jupe／ミニ・ジュップ」、ロングは「jupe longue／ジュップ・ロング」。　★3 「pull／ピュル」はトレーナーのような厚手生地のトップス。　★4 レディスは前ボタンのカーディガン、メンズの「gilet／ジレ」は袖のないベストのこと。

買う　洋服屋さん

〈洋服〉

ジーンズ／スリム：un jean / un slim　アン・ジン／アン・スリム

Tシャツ：un T-shirt　アン・ティシャトゥ

シャツ：une chemise　ユヌ・シュミーズ

トレンチコート[★5]：un trench-coat　アン・トゥれンチ・コートゥ

ダッフルコート[★5]：un duffle-coat　アン・ドゥッフル・コートゥ

ダウンジャケット／コート：une doudoune　ユヌ・ドゥドゥンヌ

ブルゾン：un blouson　アン・ブルゾン

チュニック：une tunique　ユヌ・チュニック

レギンス：un legging　アン・レギング

水着：un maillot de bain　アン・マイヨ・ドゥバン

〈服のスタイル〉

半袖：manches courtes　マンシュ・クるトゥ

長袖：manches longues　マンシュ・ロング

ノースリーブ：sans manches　サン・マンシュ

タートルネック：à col roulé　ア・コル・るレ

Vネック：à col en V　ア・コル・オン・ヴェ

〈下着〉

キャミソール[★6]：un caraco　アン・カらコ

タンクトップ[★7]：un débardeur　アン・デバるドゥー

ブラジャー[★8]：un soutien-gorge　アン・スゥチヤン・ゴるジュ

パンティ：une culotte　ユヌ・キュロットゥ

靴下：des chaussettes　デ・ショセットゥ

ストッキング：un bas　アン・バ

タイツ：un collant　アン・コラン

トランクス[★9]：un caleçon　アン・カルソン

ブリーフ：un slip　アン・スリップ

[★5] coatを省略しても通じる。　[★6] 細い肩紐「bretelles／ブるテル」の下着。　[★7]「marcel／まるセル」で通じる。
[★8] 同じA、B、C表記でも日本のカップとは異なるので注意。　[★9] ボクサーは英語と同じく「boxer／ボクセー」。

- 色ちがいはありますか？（→色はP75、104）
  Vous l'avez dans d'autres couleurs ?
  ヴラヴェ・ダン・ドートル・クルー↗

- 素材は何ですか？
  C'est en quelle matière ?
  セ・トン・ケル・マチエー↗

  > 男性へのプレゼント選びの際に

- 身長［175cm］ぐらいの男性はどのサイズですか？
  Quelle taille faut-il pour un homme de [1m75] ?
  ケル・タイユ・フォチル・プー・アンノム・ドゥ［アンメットゥル・ソワサントゥカーンズ］↗
  （→サイズ表はP90）

- ＿＿＿＿っぽい［雰囲気／色／デザイン］のワンピース
  une robe [dans un style / dans une couleur / avec une coupe] ＿＿＿＿
  ユヌ・ロブ［ダンザン・スティル／ダンズユヌ・クルー／アヴェック・ユヌ・クゥプ］＿＿＿＿

- ＿＿＿＿になりすぎない［雰囲気／色／デザイン］のトップス
  un petit haut [dans un style / dans une couleur / avec une coupe] pas trop ＿＿＿＿
  アン・プチオ［ダンザン・スティル／ダンズユヌ・クルー／アヴェック・ユヌ・クゥプ］パトゥロ＿＿＿＿

  > 例文のようにアイテムの後につけて

🎀 **エトセトラ**

「△△素材の○○が欲しい」と言うときは、商品と素材のあいだに「en／オン」を置いて「Je cherche ○○ en △△」とすればOK。
例）「Je cherche une robe en soie.／ジュ・シェルシュ・ユヌ・ロブ・オン・ソワ（シルクのワンピースを探しています）」

地味：**sobre** ソーブる
派手：**flamboyant(e)** ★1 フランボワイヤン（トゥ）
クラシック：**classique** クラシック
個性的な：**original(e)** オリジナル
上品：**élégant(e)** エレガン（トゥ）
下品：**vulgaire** ヴュルゲー
フェミニン：**féminin(e)** フェミナン（フェミニン）
フォーマル：**habillé(e)** アビエ
カジュアル：**décontracté(e)** デコントらクテ
シック：**chic** シック
ガーリー：**girly** がるリー
若々しい：**jeune** ジュヌ

★1 「couleur／クルー」と「coupe／クゥプ」の後につける場合はかっこ内の女性形で発音します。かっこのついていないものは男性、女性共通です。わからない場合はこの語句を指しましょう。

買う 洋服屋さん

■■■ □□ 色はありますか？

Vous l'avez en □□ ?

ヴラヴェ・オン □□ ↗

黒：noir ノワー ●
白：blanc ブラン ○
グレー：gris グリ ●
ベージュ：beige ベージュ ●

茶：brun ブラン ●
紺：bleu marine ブル・マリン ●
赤：rouge るージュ ●
→そのほかの色は P104

〈素材〉

コットン：coton コトン
ウール：laine レーヌ
レザー：cuir キュイー
麻：lin ラン
ファー／フェイクファー：fourrure / fausse fourrure フリュー／フォッス・フリュー

シルク：soie ソワ
カシミア：cachemire カシュミー
ポリエステル：polyester ポリエステー
レース：dentelle ドンテル

〈柄〉

無地：sans motif サン・モチフ
チェック：vichy ヴィシー
水玉：à petits pois ア・プチ・ポワ
プリント：imprimé アンプリメ
ヒョウ：léopard レオパー
迷彩柄：motif camouflage モチフ・カムフラージュ

柄付き：avec motif アヴェック・モチフ
ボーダー／ストライプ[★2]：rayé れイエ
リバティ(小花柄)：Liberty リベるティ
千鳥格子：pied de coq ピエ・ドゥ・コック
ゼブラ：zèbre ゼーブる

★2 ラインが縦または横に入っている柄。マリンボーダーは「marinière／マリニエー」という呼び名がある。

試着

- これを試着してもいいですか？
  Je peux l'essayer ?
  ジュ プ・レセイエ↗

- 試着室はどこですか？
  Où est la cabine d'essayage ?
  ウエラ・カビヌ・デセイヤージュ↗

- このモデルのサイズ ☐ はありますか？
  Avez-vous la taille ☐ ?
  アヴェヴ・ラ・タイユ ☐ ↗

- 同じモデルの[36]と[38]を試して良いですか？
  Je peux essayer le même modèle en [trente-six] et [trente-huite] ?
  ジュ プ・エセイエ・ルメーム・モデル・オン [トろントゥスィス] エ [トろンチュイットゥ]↗

- [1／2／3／4／5]点です。
  [Un / Deux / Trois / Quatre / Cinq] articles.
  [アン／ドゥ／トゥろワ／カットる／サンク] アるティクル

  （試着するアイテムの点数を伝えたいときに）

- 私には似合いませんでした。
  Ça ne me va pas.
  サ・ヌムヴァパ

  （お気に召しましたか？と聞かれたら）

- サイズはぴったりです。
  La taille est bonne.
  ラ・タイユ・エ・ボヌ

- [少し／かなり] ☐ です。
  C'est [un peu / très] ☐ .
  セ [タンプ／トれ] ☐

小さい：petit プチ	ゆるい：large ラるジュ	短い：court クー
大きい：grand グラン	きつい：serré セれ	長い：long ロン

🌿 エトセトラ

デパートでは複数のブランドが同じ試着室を使っている場合があるので、どの試着室に行けば良いか聞きましょう。

大型チェーンのブランドでは一度に試着できる点数が決まっており、試着室に入る前にスタッフから点数が書かれたプレートを受け取ります。

買う　洋服屋さん

- ワンサイズ［大きい／小さい］ものを試して良いですか？
  Je peux essayer la taille [au dessus / en dessous] ?
  ジュ・プ・エセイエ・ラ・タイユ［オドゥスュ／オンドゥスゥ］↗

> どちらも発音が似ているので、サイズの数字を言うとわかりやすい

- これを買うことにします。
  Je prends ça.
  ジュ・プロン・サ

- これはやめます、すみません。
  Je ne prends pas ça, désolé(e).
  ジュヌ・プロンパ・サ・デゾレ

- もうちょっと考えます。
  Je vais réfléchir un peu.
  ジュ・ヴェ・れフレシー・アンプ

エトセトラ

買うつもりの商品でも手に持ったまま店内を歩かず、一度店員に預けてほかの商品を見るのがスマートです。

裾上げ「ourlets／ウるレ」やお直しは一般的に有料で、日数もかかるため、日本でするのがベター。

会計

- おいくらですか？
  C'est combien ?
  セ・コンビアン↗

> セール中は確認するのがベター

- これはセール対象商品ですか？
  Cet article est en soldes ?
  セタるティークル・エトン・ソルドゥ↗

- この金額は割引き後ですか？
  Ce prix est déjà soldé ?
  ス・プリ・エ・デジャ・ソルデ↗

- お直しのサービスはありますか？　それはおいくらですか？
  Faites-vous les retouches ? Ça coûte combien ?
  フェットゥ・ヴ・レ・るトゥッシュ↗　サクートゥ・コンビアン↗

- 免税の手続きはできますか？
  Faites-vous la détaxe ?
  フェットゥ・ヴ・ラ・デタックス↗

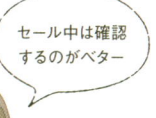

{ Magasin de sacs et accessoires } バッグ・小物屋さん

ずっと欲しかったバッグを買いに、家族や友人へのパリみやげや大切な人へのプレゼントを探しにと、滞在中、必ず一度はファッション小物を選ぶシーンに遭遇するでしょう。あまり時間をかけずに欲しいものを見つけられるよう、予算や受け取る相手を組み込んだ、ピンポイントな質問フレーズを集めました。的確なアドバイスをもらって、旅の記念になるような素敵な小物が見つかりますように。

買う　バッグ・小物屋さん

▰▰ ▭ を探しています。

Je cherche ▭ .

ジュ・シェるシュ ▭

〈 バッグ 〉

トートバッグ：**un tote bag / un cabas** アン・トォトゥ・バグ／アン・カバ

ハンドバッグ：**un sac à main** アン・サッカマン

斜めがけバッグ／ショルダーバッグ★1：**une besace / un sac bandoulière**
ユヌ・ブザス／アン・サック・バンドゥリエー

リュックサック：**un sac à dos** アン・サッカド

スーツケース：**une valise** ユヌ・ヴァリーズ

旅行かばん：**un sac de voyage / un sac week-end**
アン・サック・ドゥ・ヴォヤージュ／アン・サック・ウィークエンドゥ

クラッチバッグ：**un clutch** アン・クラッチ

ポシェット：**un sac pochette** アン・サック・ポシェットゥ

ノートパソコン用バッグ：**une sacoche PC portable**
ユヌ・サコッシュ・ペーセー・ポるターブル

〈 小物 〉

財布：**un portefeuille** アン・ポるトゥフイユ

コインケース：**un porte-monnaie** アン・ポるトゥモネ

サングラス：**des lunettes de soleil** デ・リュネットゥ・ドゥ・ソレイユ

眼鏡：**des lunettes** デ・リュネットゥ　　スカーフ：**un foulard** アン・フラー

ストール：**une étole** ユネトール　　マフラー：**une écharpe** ユネシャるプ

ネクタイ：**une cravate** ユヌ・クらヴァットゥ

ネクタイピン：**une pince à cravate** ユヌ・パンサ・クらヴァットゥ

カフスボタン：**des boutons de manchette** デ・ブトン・ドゥ・マンシェットゥ

腕時計：**une montre** ユヌ・モントる　　手袋：**des gants** デ・ガン

ハンカチ：**un mouchoir** アン・ムショワー

ベルト：**une ceinture** ユヌ・サンチュー

化粧ポーチ：**une trousse de toilette** ユヌ・トゥるス・ドゥ・トワレットゥ

折りたたみ傘：**un parapluie pliant** アン・パらブリュイ・プリアン

★1 ストラップの長さが調節できるバッグ。

〈帽子〉

ベレー帽：**un béret** アン・ベレ

一般的な帽子：**un chapeau** アン・シャポ

ニットキャップ：**un bonnet** アン・ボネ

中折れ帽子*¹：**fedora / trilby / borsalino** フェドラ／トリルビ／ボるサリノ

つば広帽子：**une capeline** ユヌ・カプリヌ

キャスケット（キャップ）*²：**une casquette** ユヌ・カスケットゥ

麦わら帽子：**un chapeau de paille** アン・シャポ・ドゥパイユ

★1 中折れ帽子の一般的な呼び名はないので、フェドラ、トリルビー、ボルサリーノなどスタイルの名前を言う。
★2 野球帽も同じ呼び名。

□ へのプレゼントを探しています。

Je cherche un cadeau pour □ .

ジュ・シェるシュ・アン・カド・プー □

>「un cadeau」をスカーフ、ネクタイなどに置き換えて使いまわして

（20代／30代／40代／50代／60代）の［男性／女性］：

[un homme / une femme] d'une (vingtaine / trentaine / quarantaine / cinquantaine / soixantaine) d'années.

［アンノム／ユヌ・ファム］デュヌ（ヴァンテヌ／トろンテヌ／カらンテヌ／サンカンテヌ／ソワサンテヌ）ダネ

子ども［男の子／女の子］：**un enfant [un garçon / une fille]**

アンノンファン［アン・ガるソン／ユヌ・フィーユ］

ティーンエイジャー：**un adolescent** アンナドレソン

誕生日祝い：**un anniversaire** アンナニヴェるセー

結婚祝い：**un mariage** アンマリアージュ

出産祝い：**une naissance** ユネサンス

買う　バッグ・小物屋さん

- このモデルで ▭ の素材はありますか？
  Avez-vous le même modèle en ▭ ?
  アヴェヴ・ルメーム・モデル・オン ▭ ↗

  | レザー：**cuir** キュイー | ナイロン：**nylon** ニロン |
  | 布：**tissu** ティスュ | シルク：**soie** ソワ |

- ▭ ユーロ台のおすすめのプレゼントは何ですか？
  Qu'est ce que vous me recommandez pour un budget de ▭ euros ?
  ケスク・ヴム・るコマンデ・ブー・アン・ビュッジェ・ドゥ ▭ ウーろ↗

- 手に取って見ても良いですか？
  Je peux le prendre pour regarder ?
  ジュプル・プろンドる・ブー・るガるデ↗

- ▭ というブランドはありますか？
  Vous avez la marque ▭ ?
  ヴザヴェ・ラ・マルク ▭ ↗

- 素材は何ですか？
  C'est en quelle matière ?
  セトン・ケル・マチエー↗

- 色ちがいはありますか？（→色はP75、104）
  Avez-vous le même modèle dans d'autres couleurs ?
  アヴェヴ・ルメーム・モデル・ダン・ドートゥる・クルー↗

- これを試してもいいですか？
  Je peux l'essayer ?
  ジュプ・レセイエ↗

  （帽子やスカーフ、サングラスなどを試すときに）

- 少し［大きい／きつい］です。
  Il est un peu [grand / petit].
  イレタンプ［グラン／プチ］

- プレゼント用に包んでください。
  Pouvez-vous faire un paquet cadeau ?
  プヴェヴ・フェー・アン・パケカド↗

{ Magasin de chaussures }
靴屋さん

靴職人が伝統を守る老舗ブランドから、流行をおさえたプチプライスな靴まで、街を歩いていると「パリにはなんて靴屋さんが多いんだろう」と気づきます。それは、靴選びにも気を抜かないパリジャン・パリジェンヌのおしゃれに対する姿勢の表れかもしれません。靴選びの大切なポイントは、スタッフとコミュニケーションを取りながら、一足ずつしっかりと履き心地を確かめること。次のフレーズを駆使して納得のゆく一足を見つけましょう。

買う　靴屋さん

☐ を探しています。　**Je cherche** ☐ **.**　ジュ・シェるシュ ☐

バレリーナシューズ
des ballerines
デ・バルりーヌ

パンプス
des escarpins
デ・ゼスカるパン

ダービー★1
des derbies
デ・デるビィ

サンダル
des sandales
デ・サンダル

スニーカー★2
**des tennis /
des baskets**
デ・テニス／デ・バスケットゥ

ロングブーツ／
ショートブーツ
**des bottes /
des bottines**
デ・ボットゥ／デ・ボティヌ

★1 マニッシュな紐靴のこと。　★2 細身のものはテニス、ハイカットでよりスポーティーなものはバスケットと呼ぶ。

ワンストラップ：**des babies** デ・ベビーズ
サロメ：**des salomés** デ・サロメ
ウェッジソール：**des compensées** デ・コンポンセ
レインブーツ：**des bottes de pluie** デ・ボットゥ・ドゥ・プリュイ
オープントゥパンプス：**des escarpins à bout ouvert** デ・ゼスカるパン・ア・ブ・ウヴェー
紳士靴：**des chaussures homme** デ・ショスュー・オム
子ども靴：**des chaussures enfant** デ・ショスュー・オンファン

知っておくと便利な単語

靴ひも：**lacets** ラセ

かかと：**talon** タロン

ファスナー：**fermeture éclair** フェるムチュー・エクレー

マジックテープ：**scratch** スクらッチ

中敷き：**semelle** スメル

靴べら：**chausse-pieds** ショスピエ

防水加工：**imperméable** アンペるメアブル

すべり止め加工：**antidérapant** アンチデらパン

商品を見る

● ［かかとのない／低い／高い］靴はありますか？

Avez-vous des chaussures [plates / à petits talons / à talons hauts] ?

アヴェヴ・デ・ショスュー［プラットゥ／ア・プチ・タロン／ア・タロン・オ］↗

● 色ちがいはありますか？（→色は P75、104）

Avez-vous le même modèle dans une autre couleur ?

アヴェヴ・ル メーム・モデル・ダン・ズュノートる・クルー↗

● 素材は何ですか？

C'est en quelle matière ?

セトン・ケル・マチエー↗

〈素材〉

レザー：**cuir** キュイー

エナメル：**verni** ヴェるニ

キャンバス：**toile** トワル

バック：**nubuck** ニュブック

クロコ：**croco** クろコ

ゴム：**caoutchouc** カオチュ

試着

> 試着の際は
> スタッフに
> ひと声かけて

- もう片方も試着したいのですが。
  Je voudrais essayer l'autre pied aussi.
  ジュヴドゥれ・エセイエ・ロートる・ピエ・オッスィ

- ストッキングを貸してください。
  Pouvez-vous me prêter des collants ?
  プヴェヴ・ム・プれテ・デ・コラン↗

- [36／37／38／39]です。
  Je fais du [trente-six / trente-sept / trente-huit / trente-neuf].
  ジュフェ・デュ［トろントゥスィス／トろントゥセットゥ／トろンチュイットゥ／トろントゥヌフ］
  （→サイズ表はP90）

> ブランドによって
> 37.5といったハー
> フサイズがある

- ちょうど良いです。
  La pointure est bonne.
  ラ・ポワンチュー・エ・ボヌ

- [ぶかぶかします／きついです]。
  C'est trop [grand / serré].
  セ［トろ・グらン／トろ・セれ］

- [つま先／かかと／ここ]が痛いです。
  Ça me fait mal [au bout du pied / au talon / ici].
  サムフェ・マル［オブデュピエ／オタロン／イスィ］

- ワンサイズ[小さい／大きい]靴を試して良いですか？
  Je peux essayer la pointure [en dessous / au dessus] ?
  ジュプ・エセイエ・ラ・ポワンチュー［オンドゥス／オドゥスュ］↗

- ハーフサイズ[小さい／大きい]靴はありますか？
  Avez-vous la demi pointure [en dessous / au dessus] ?
  アヴェヴ・ラ・ドゥミ・ポワンチュー［オンドゥス／オドゥスュ］↗

- 箱はけっこうです。
  Je n'ai pas besoin de la boîte.
  ジュネパ・ブズワン・ドゥラ・ボワットゥ

Bijouterie
アクセサリー屋さん

小さな女の子でも、おもちゃのリングやネックレスをしてお出かけするおしゃれなパリジェンヌにとって、ジュエリーはコーディネイトに欠かせない大切なアイテム。せっかくのパリ旅行、有名ブランドのハイジュエリーはもちろん、小さなクリエイターたちがアトリエで手作りする個性的なアクセサリーもぜひ探してほしいもの。まだ日本に紹介されていない、才能がきらりと光るまさに「原石」に出会えるかもしれません。

買う　アクセサリー屋さん

 ▶ ☐ を探しています。

Je cherche ☐ .

ジュ・シェるシュ ☐

リング：**une bague** ユヌ・バーグ

ピアス★1：**des boucles d'oreilles** デ・ブクル・ドれイユ

イヤリング★2：**des boucles d'oreilles clips** デ・ブクル・ドれイユ・クリプス

ネックレス：**un collier** アン・コリエ　　ロングネックレス：**un sautoir** アン・ソトワー

ブローチ：**une broche** ユヌ・ブろシュ　　ブレスレット：**un bracelet** アン・ブらスレ

ペンダント（チャーム）★3：**un pendentif** アン・ポンドンティフ

チョーカー：**un collier ras de cou** アン・コリエ・らドゥク

ヘアピン：**une épingle à cheveux** ユネパングル・アシュヴ

ヘアバンド：**un headband** アン・エッドバンドゥ

カチューシャ：**un serre-tête** アン・セーテットゥ

★1 フランス語で「piercing／ピエるシング（ピアス）」と言うと、ボディピアスをさす。　★2 ピアスもイヤリングも同じ単語なので、クリップ式のイヤリングを探しているときは「clips／クリプス」や「à pince／ア・パンス」とつける。　★3 チャーム部分のみを示すので、「chaîne／チェーン」が必要なときはそう伝える。

 ▶ この石は何ですか？

Qu'est-ce que c'est comme pierre ?

ケスクセ・コム・ピエーﾙ

〈石の種類〉

ダイヤモンド：**un diamant** アン・ディアマン

天然石：**une pierre semi-précieuse** ユヌ・ピエー・スミプれスューズ

ターコイズ：**une turquoise** ユヌ・チュるコワーズ

ローズクウォーツ：**un quartz rose** アン・クワるツ・ろズ

エメラルド：**une émeraude** ユネムろドゥ　　ルビー：**un rubis** アン・るビ

サファイア：**un saphir** アン・サフィー　　パール：**une perle** ユヌ・ペるル

ジルコニウム：**un zirconium** アン・ジるコニオム

スワロフスキー：**un Swarovski** アン・スヴァろフスキ

▶ 素材は何ですか？
   C'est en quelle matière ?
   セトン・ケル・マチエー↗

〈 素材 〉
ゴールド：**or** オー
シルバー：**argent** アるジョン
金メッキ：**plaqué or / vermeil** プラケ・オー／ヴェるメイユ
プラチナ：**platine** プラチヌ
真鍮：**laiton** レトン
プラスチック：**plastique** プラスチック
ガラス：**verre** ヴェー

知っておくと便利な単語
ハイジュエリー：**joaillerie** ジョワイユリ　　ジュエリー：**bijou** ビジュ
チェーン：**chaîne** シェヌ　　ユニセックスの：**unisexe** ユニセックス
星型の：**en forme d'étoile** オン・フォるム・デトワル
ハート型の：**en forme de coeur** オン・フォるム・ドゥクー
エッフェル塔型の：**en forme de Tour Eiffel**
オン・フォるム・ドゥ・トゥー・エフェル
カラット：**carat** カら

▶ これを試してもいいですか？
   Je peux l'essayer ?
   ジュプ・レセイエ↗

   （どちらも発音が似ているので、サイズの数字を言うとわかりやすい）

▶ ワンサイズ［大きい／小さい］ものを試して良いですか？
   Je peux essayer la taille [au dessus / en dessous] ?
   ジュプ・エセイエ・ラ・タイユ［オドゥスュ／オンドゥスゥ］↗

▶ チェーンのより［長い／短い］ものはありますか？
   Avez-vous un modèle avec la chaîne [plus longue / plus courte] ?
   アヴェヴ・アン・モデル・アヴェック・ラ・シェヌ［プリュ・ロング／プリュ・クるトゥ］↗

🎀 **エトセトラ**

フランス語で「accessoire／アクセソワー（アクセサリー）」と言うと、バッグや財布、スカーフなどのファッション小物全般を指す場合があります。

買う　アクセサリー屋さん

- [婚約／結婚] 指輪を探しています。
  Je cherche [une bague de fiançailles / une alliance].
  ジュ・シェるシュ [ユヌ・バーグ・ドゥ・フィアンサイユ／ユナリアンス]

- (指輪のサイズは) [7／9／11／13] です。(→サイズ表はP90)
  Je fais du [quarante-sept / quarante-neuf / cinquante et un / cinquante-trois].
  ジュフェ・デュ [カラントゥセットゥ／カラントゥヌフ／サンカンテアン／サンカントゥトゥロワ]

- 指のサイズを測ってください。(→指の名前はP180)
  Pouvez-vous prendre la taille de mon doigt ?
  プヴェヴ・プロンドゥる・ラタイユ・ドゥ・モンドワ↗

- 少し [きつい／ゆるい] です。
  C'est un peu [petit / grand].
  セタンプ [プチ／グラン]

- 指が少しむくんでいます。
  Mes doigts sont un peu gonflés.
  メドワ・ソン・タンプ・ゴンフレ

- このセットジュエリーはありますか？
  Avez-vous l'ensemble assorti ?
  アヴェヴ・ロンソンブル・アソるティ↗

- プレゼント用に包んでください。
  Vous pouvez faire un paquet cadeau ?
  ヴプヴェ・フェー・アン・パケカド↗

- このまま身につけて行きます。
  Je le garde sur moi.
  ジュル・ガるドゥ・スューモワ

🎀 エトセトラ

会計の際、ピアスは正しいペアが2つそろっているか念のため確認しましょう。

89

洋服・アクセサリーのサイズ表

洋服からアクセサリーまで、フランスのサイズ表示は日本とまったく異なります。デザインや素材によっても変わるので、サイズ表はあくまでも目安に、時間の許す限り試着をしましょう。数字の読み方はP184を参考に。

洋服のサイズ

> 34/36・38/40やS・M・Lと表示されている場合も

レディス / Femme（ファム）

日本	5号・SS	7号・S	9号・M	11号・M	13号・L	15号・LL
フランス	34	36	38	40	42	44

メンズ / Homme（オム）

日本	S	M	L
フランス	38 または 40	42 または 44	46 または 48

> Yシャツは日本と同じく36・37・38…

ベビー・子ども［男の子／女の子］Bébé・Enfant（ベベ・オンファン）［Garçon / Fille］（ギャルソン／フィーユ）

日本	フランス	日本	フランス
新生児	nouveau né	18ヵ月／1歳半	18 mois / 81cm
	0 mois / 50cm	24ヵ月／2歳	24 mois / 2 ans / 83-89cm
1ヵ月	1 mois / 54cm	36ヵ月／3歳	36 mois / 3 an / 90-97cm
3ヵ月	3 mois / 60cm	4歳	4 ans / 98-104cm
6ヵ月	6 mois / 67cm	5歳	5 ans / 105-110cm
9ヵ月	9 mois / 71cm	6歳	6 ans / 111-116cm
12ヵ月	12 mois / 1an / 74cm	7歳	7 ans / 117-122cm
		8歳	8 ans / 123-128cm
		9歳	9 ans / 129-134cm
		10歳	10 ans / 135-140cm

> 数字のあとに月は「mois」（モワ）、年は「ans」（アン）をつければOK

買う

エトセトラ

よく使う自分のサイズは、P191にメモしておくと便利です。

リングのサイズ

日本のサイズに40をプラスすればOK

日本	7号	9号	11号	13号	15号	17号	19号
フランス	47	49	51	53	55	57	59

帽子のサイズ

日本	XS	S	M	L	LL
フランス	52〜53	54〜55	56〜57	58〜59	60〜

靴のサイズ

日本	フランス	日本	フランス
22.5cm	35	25.5cm	39
23cm	36	26cm	40
23.5cm	37	26.5cm	40.5
24cm	37.5	27cm	41
24.5cm	38	27.5cm	42
25cm	38.5		

{ *Magasin de déco et objets* }

雑貨屋さん・インテリアショップ

雑貨やインテリアが大好きな人にとって、パリは夢のような街。カフェオレボウルや麻のクロスが並ぶアンティーク風のお店から、パリらしいクリエイター雑貨を置くお店、そしてモダンでスタイリッシュなショップまで、さまざまな表情の雑貨屋さんやインテリアショップがパリのいたるところにあります。次のフレーズを参考にして、お部屋にフランスの風を運んでくれる思い出のオブジェを見つけてください。

買う　雑貨屋さん・インテリアショップ

商品を見る

- パリらしいものを探しています。
  Je cherche quelque chose de typiquement parisien.
  ジュ・シェるシュ・ケルクショーズ・ドゥ・ティピクモン・パリズィアン

- エッフェル塔の絵がついた ☐ はありますか？（→小物はP95）
  Avez-vous ☐ avec une illustration de la Tour Eiffel ?
  アヴェヴ ☐ アヴェック・ユニリュストゥらシオン・ドゥラ・トゥー・エフェル↗

- フランスらしいモチーフがついた ☐ はありますか？
  Avez-vous ☐ avec un motif typiquement français ?
  アヴェヴ ☐ アヴェック・アン・モチフ・ティピクモン・フらンセ↗

- あまり高くないプレゼントを探しています。
  Je cherche un cadeau à un prix raisonnable.
  ジュ・シェるシュ・アン・カド・アアン・プリ・れゾナブル

- 素材は何ですか？（→素材はP96）
  C'est en quelle matière ?
  セ・トン・ケル・マチエー↗

- ☐ へのプレゼントを探しています。
  Je cherche un cadeau pour ☐ .
  ジュ・シェるシュ・アン・カド・プー ☐

男性／女性：**un homme / une femme** アンノム／ユヌ・ファム
男の子／女の子：**un garçon / une fille** アン・ガるソン／ユヌ・フィーユ
子ども：**un enfant** アンノンファン
誕生日祝い：**un anniversaire** アンナニヴェルセー
結婚祝い：**un mariage** アン・マリアージュ
出産祝い：**une naissance** ユヌネサンス

> 雑誌や本を見せて

- この写真のアイテムを探しています。
  Je cherche la même chose que sur cette photo.
  ジュ・シェるシュ・ラメーム・ショーズ・ク・スュー・セットゥ・フォト

_____ を探しています。 **Je cherche** _____ .　ジュ・シェるシュ _____

_____ はありますか？ **Vous avez** _____ ?　ヴザヴェ _____ ↗

カフェオレボウル
un bol à café
アン・ボル・アカフェ

ティーカップ／コーヒーカップ
**une tasse à thé /
une tasse à café**
ユヌ・タス・アテ／
ユヌ・タス・アカフェ

コップ
un verre
アン・ヴェー

ウォールステッカー
un sticker mural
アン・スティッケー・ミュらル

キッチンクロス
un torchon
アン・トるション

皿
une assiette
ユナスィエットゥ

ココット鍋
une cocotte
ユヌ・ココットゥ

キャンドル（アロマ）
une bougie (parfumée)
ユヌ・ブジ（パるフュメ）

ポスター
une affiche
ユナフィッシュ

ナイフ／フォーク／スプーン
**un couteau /
une fourchette /
une cuillère**
アン・クトー／ユヌ・フるシェットゥ／ユヌ・キュイエー

籘かご
un panier en osier
アン・パニエ・オンノズィエ

ガーランド
une guirlande
ユヌ・ギるランドゥ

〈キッチン〉

キッチン用品：**des ustensiles de cuisine** デ・ズュストンスィル・ドゥ・キュイズィーヌ
マグカップ：**un mug** アン・ムグ
バターケース：**un beurrier** アン・ブリエ
ココット皿：**un ramequin** アン・らムカン
鍋：**une casserole** ユヌ・カスろル
ケーキ型：**un moule à gâteau (cake)** アン・ムル・ア・ガト（ケク）
鍋つかみ：**des gants de cuisine** デ・ガン・ドゥ・キュイズィーヌ
ランチョンマット：**un set de table** アン・セットゥ・ドゥ・ターブル
テーブルクロス：**une nappe** ユヌ・ナップ
エプロン：**un tablier** アン・タブリエ
パンかご：**une corbeille à pain** ユヌ・コるベイユ・アパン
コースター：**un sous-verre** アン・スーヴェー
ル・クルーゼ：**Le Creuset** ル・クるゼ
ストウブ：**Staub** ストォブ
デュラレックス：**Duralex** デュらレクス

〈インテリア〉

キャンドルスタンド：**un bougeoir** アン・ブジョワー
フォトフレーム：**un cadre pour photo** アン・カードる・プー・フォト
ナプキン：**une serviette** ユヌ・セるヴィエットゥ
ナプキンリング：**un rond de serviette** アン・ロン・ドゥ・セるヴィエットゥ
鏡：**un miroir** アン・ミろワー　　クッション：**un coussin** アン・クサン
花瓶：**un vase** アン・ヴァーズ　　壁掛け時計：**une horloge** ユノるロージュ
トレイ：**un plateau** アン・プラトー　　おもちゃ：**des jouets** デ・ジュエ

〈小物〉

ラッピングペーパー：**du papier cadeau** デュ・パピエ・カド
シール：**des autocollants** デゾトコラン
キーホルダー：**un porte-clefs** アン・ポるトゥクレ
マグネット：**un magnet** アン・マニエットゥ
箱：**une boîte** ユヌ・ボワットゥ

知っておくと便利な単語

〈 そのほか 〉

フランス製：**fabriqué en France** ファブリケ・オン・フランス

手作り：**fait à la main** フェ・アラマン

工芸：**artisanal** アるチザナル

限定商品：**édition limitée** エディスィオン・リミテ

一点もの：**pièce unique** ピエス・ユニック

IH対応：**induction** アンデュクスィオン

直火可能：**flamme** フラム

壊れやすい：**fragile** フらジル

〈 素材 〉

木：**bois** ボワ

陶器：**porcelaine** ポるスレヌ

紙：**papier** パピエ

ガラス：**verre** ヴェー

鉄：**fer** フェー

耐熱ガラス：**pyrex** ピレクス

プラスチック：**plastique** プラスチック

シリコン：**silicone** スィリコヌ

買う　雑貨屋さん・インテリアショップ

日本への発送はお願いできますか？
Avez-vous un service d'expédition pour le Japon ?
アヴェヴ・アン・セルヴィス・デクスペディシオン・プー・ル・ジャポン↗

免税の手続きはできますか。
Faites-vous la détaxe ?
フェットゥ・ヴ・ラデタックス↗

プレゼント用に包んでください。
Pouvez-vous faire un paquet cadeau ?
プヴェヴ・フェー・アン・パケカド↗

こちらのラッピングにバツ印をつけてもらえますか？
Pouvez-vous mettre une croix sur ce paquet ?
プヴェヴ・メットる・ユヌ・クロワ・スュー・スパケ↗

飛行機で持ち帰るためにしっかり梱包してもらえますか？
Pouvez-vous me faire un emballage solide pour le transport en avion ?
プヴェヴ・ム・フェー・アンナンバラージュ・ソリッドゥ・プー・ル・トらンスポー・オンナヴィオン↗

エトセトラ

贈りものなど特別なラッピングが必要な場合はお願いしましょう。

複数の人へのおみやげなら、中身が何かわかるように、印をつけてもらうよう依頼すると良いでしょう。

{ *Parfumerie & Parapharmacie* }
コスメ売場＆ドラッグストア

デパートのコスメ売場に並ぶ人気ブランドはもちろん、街角のドラッグストアで買える薬局コスメやスキンケア商品も、高いクオリティーを誇るフレンチコスメ。フランス語の書かれたパッケージは、浴室の棚に飾っておきたくなるかわいさです。

▱ ▭▭ を探しています。
Je cherche ▭▭.
ジュ・シェるシュ ▭▭

〈 スキンケア 〉

化粧水[★1]：**une lotion apaisante / tonique**
ユヌ・ロスィオン・アペザントゥ／トニック

保湿クリーム：**une crème hydratante**　ユヌ・クれム・イドらタントゥ

メイク落とし[★2]：**un démaquillant**　アン・デマキヤン

ハンドクリーム：**une crème pour les mains**　ユヌ・クれム・プー・レマン

リップクリーム：**un stick à lèvres**　アン・スティッカ・レーヴる

シャンプー＆リンス：**un shampooing et un après-shampooing**
アン・シャンポワン・エ・アン・アプれシャンポワン

ボディソープ：**un gel douche**　アン・ジェル・ドゥシュ

石けん：**un savon**　アン・サヴォン

ハンドソープ：**un savon liquide pour les mains**
アン・サヴォン・リキドゥ・プー・レマン

ボディクリーム：**un lait pour le corps**　アン・レ・プー・ルコー

[★1] フランスではふき取り化粧水が一般的。　[★2] メイク落としもふき取りが一般的。

買う　コスメ売場・ドラッグストア

〈 コスメ 〉

ファンデーション［リキッド／コンパクト／クリーム］
un fond de teint [liquide / compact / crème]
アン・フォンドゥタン［リキッドゥ／コンパクトゥ／クレム］

フェイスパウダー：**une poudre libre** ユヌ・プードる・リーブる

チーク：**un fard à joues** アン・ファー・アジュ

アイシャドー：**un fard à paupières** アン・ファー・アポピエー

マスカラ：**un mascara** アン・マスカら

口紅／グロス：**un rouge à lèvres / un gloss à lèvres**
アン・るジュ・アレーヴる／アン・グロッス・アレーヴる

知っておくと便利な単語

顔用：**pour le visage** プー・ル・ヴィザージュ　体用：**pour le corps** プー・ルコー

乾燥肌用：**pour peaux sèches** プー・ポ・セッシュ

ミックス肌用：**pour peaux mixtes** プー・ポ・ミクストゥ

脂性肌用：**pour peaux grasses** プー・ポ・グらッス

敏感肌用：**pour peaux sensibles** プー・ポ・ソンスィブル

アルコール／パラベンフリー：**sans alcool / paraben** サン・ザルコル／パらベン

オーガニック：**bio** ビオ

▶▶▶ この写真のアイテムを探しています。
Je cherche la même chose que sur cette photo.
ジュ・シェるシュ・ラメーム・ショーズ・ク・スュー・セットゥ・フォト

▶▶▶ 顔につけて試して良いですか？
Je peux l'essayer sur mon visage ?
ジュプ・レセイエ・スュー・モン・ヴィザージュ↗

雑誌や本を見せて

▶▶▶ この香水をかいでみても良いですか？
Je peux sentir ce parfum ?
ジュプ・ソンチー・ス・パるファン↗

▶▶▶ サンプル・試供品はありますか？
Avez-vous des échantillons ?
アヴェヴ・デ・ゼシャンティヨン↗

Mercerie
手芸屋さん

昔と変わらぬ糸切りばさみや指ぬき、素朴な柄がフランスらしい布やリボンなど、どことなく懐かしい雰囲気を漂わせるパリの手芸屋さん。ずらりと並んだ布やボタンは、眺めているだけでも心が踊ります。ディスプレイもかわいらしいので、手作りが大好きな人にはぜひ訪れてほしい場所です。

◆ ☐ を探しています。

Je cherche ☐ .
ジュ・シェるシュ ☐

布：**du tissu** デュ・ティシュ
ボタン：**des boutons** デ・ブトン
針（刺繍針）：**des aiguilles à coudre (à broder)**
デ・ゼギュイユ・アクードる（アブろデ）
待ち針：**des épingles** デ・ゼパングル
糸（刺繍糸）：**du fil à coudre (à broder)** デュ・フィル・アクードる（アブろデ）
手芸バサミ：**des ciseaux** デ・スィゾー
指ぬき：**des dés à coudre** デ・デ・アクードる
糸巻き：**des cartes à fil** デ・カルトゥ・アフィル
毛糸：**des pelotes de laine** デ・プロットゥ・ドゥレーヌ
毛糸針：**des aiguilles à tricoter** デ・ゼギュイー・ア・トゥりコテ
リボン：**du ruban** デュ・リュバン　　ビーズ：**des perles** デ・ペるル
スワロフスキー・ビーズ：**des perles Swarovski** デ・ペるル・スヴァろフスキ
ワッペン：**des motifs thermocollants** デ・モチフ・テるモコラン
スナップボタン：**des boutons-pression** デ・ブトン・プれッスィオン
マジックテープ：**du velcro** デュ・ヴェルクろ

買う　手芸屋さん

知っておくと便利な単語

裁縫：**couture** クチュー　　　かぎ編み：**crochet** クろシェ

刺繍：**broderie** ブろドゥリ　　編みもの：**tricot** トゥりコ

アクセサリー作り：**création de bijoux** クれアシオン・ドゥ・ビジュ

カスタマイズ：**customiser** キュストミゼ

▶ サジューの[コウノトリ／エッフェル塔／野うさぎ]の形をしたハサミはありますか？
Avez-vous des ciseaux [cigogne / Tour Eiffel / lièvre] de chez Sajou ?
アヴェヴ・デ・スィゾー [スィゴニュ／トゥー・エフェル／リエーヴる] ドゥ・シェ・サジュ

▶ [リボン／布]を（□□cm／□□m）ください。（→数字はP184）
Je voudrais (□□ cm / □□ m) de [ruban / tissu].
ジュヴドゥれ（□□ ソンチメットる／□□ メットる) ドゥ [リュバン／ティスュ]

▶ 毛糸玉を □□ 玉ください。（→数字はP184）
Je voudrais □□ pelotes de laine cachemire.
ジュヴドゥれ □□ プロットゥ・ドゥ・レーヌ・カシュミー

（リボンや布を好きな長さに切ってもらう）

▶ □□ のパターン（型紙）を探しています。
Je cherche un patron pour □□ .
ジュ・シェるシュ・アン・パトゥろン・プー □□

ワンピース：**une robe** ユヌ・ろブ　　　子ども用：**enfant** オンファン

ジャケット：**une veste** ユヌ・ヴェストゥ　ベビー用：**bébé** ベベ

女性用：**femme** ファム　　　　　　　→洋服の名前は P72

男性用：**homme** オム

（洋服の名前の後に女性用や子ども用をつけて）

Librairie
本屋さん＆CD・DVD屋さん

日本にいながらにして、何でも手に入る時代ですが、本やCDはフランスでしか見つけられない貴重なものがまだたくさんあります。美しい装丁の写真集やアートブック、キッチングッズのついたレシピ本、カラフルで個性的な絵本など、おみやげとしても喜ばれそうなものがずらり。

▶ ☐ という歌手のCDを探しています。
Je cherche un CD de ☐ .
ジュ・シェるシュ・アン・セデ・ドゥ ☐

▶ ☐ という映画のサントラ盤を探しています。
Je cherche un CD de la musique du film ☐ .
ジュ・シェるシュ・アン・セデ・ドゥラ・ミュズィック・デュ・フィルム ☐

▶ ☐ というタイトルの[DVD／本]を探しています。
Je cherche [un DVD / un livre] qui s'appelle ☐ .
ジュ・シェるシュ [アン・デヴェデ／アン・リーヴる] キサペル ☐

▶ ☐ を探しています。
Je cherche ☐ .
ジュ・シェるシュ ☐

エトセトラ
雑誌「Magazine／マガズィン」は本屋さんではなく、街角のキオスクで売っています。

本：**un livre** アン・リーヴる
レシピ本：**un livre de recettes** アン・リーヴる・ドゥ・るセットゥ
CD：**un CD** アン・セデ
DVD：**un DVD** アン・デヴェデ
パリの地図：**un plan de Paris** アン・プラン・ドゥ・パリ

買う　本屋さん＆CD・DVD屋さん

◆ ▭ のコーナーはどこですか？

Où se trouve le rayon ▭ ?

ウ・トゥルヴ・ル・レイヨン ▭ ↗

〈本〉

小説：**Romans** ロマン
料理：**Cuisine** キュイズィーヌ
子ども：**Enfants** オンファン
ティーン：**Jeunesse** ジュネス
アート：**Art** アー
写真：**Photos** フォト
映画：**Cinéma** シネマ
音楽：**Musique** ミュズィック
旅行：**Voyage** ヴォワヤージュ
マンガ・BD[★1]：**Manga/BD** マンガ／ベデ

★1 フランス語に翻訳された日本のマンガは大人気で、「Manga／マンガ」で伝わります。フランス語の勉強を兼ねて、お気に入りのマンガを買っても楽しい。

〈CD〉

国内歌手：**Variété française** ヴァリエテ・フランセーズ
海外歌手：**Variété internationale** ヴァリエテ・アンテルナショナル
ロック：**Rock** ロック
クラシック：**Classique** クラスィック
ジャズ：**Jazz** ジャズ
映画サントラ：**Musique de film / Bande originale**
ミュズィック・ドゥ・フィルム／バンドゥ・オリジナル
コンピレーション（オムニバス）：**Compilation** コンピラシオン

〈DVD〉[★2]

フランス映画：**Films français** フィルム・フランセ
外国映画：**Films étrangers** フィルム・エトランジェ
テレビシリーズ：**Séries-télé** セリテレ
アニメ：**Dessins animés** デサニメ
子ども向け：**DVD pour enfants** デヴェデ・プー・オンファン
ドキュメンタリー：**Documentaires** ドキュモンテー

★2 フランスのDVDのリージョンコードは2、映像方式はPAL。ブルーレイはリージョンBで、それぞれ日本とは異なるので注意しましょう。

Fleuriste
お花屋さん

個性的なディスプレイとカラフルな花々の美しさに、思わず足を止めて見入ってしまうパリのお花屋さん。特別な日でなくても、気軽に花を贈り合う素敵な習慣の根付くフランス。そんなパリジャンたちを真似て、パリ旅行の思い出にかわいいブーケを一束買ってみませんか？

- この花束をください。
  Je voudrais ce bouquet.
  ジュヴドゥれ・ス・ブケ

  （店頭に並ぶ花束をさして）

- 予算 ☐ ユーロで花束を作ってください。
  Je voudrais un bouquet pour un budget de ☐ euros.
  ジュヴドゥれ・アン・ブケ・プー・アン・ビュッジェ・ドゥ ☐ ウーろ

- 贈りもの用です。
  C'est pour offrir.
  セ・プー・オフリー

- ☐ 色がメインの花束をください。
  Je voudrais un bouquet dans les tons ☐ .
  ジュヴゥドれ・アン・ブケ・ダンレ・トン ☐

ピンク：roses ろズ ●
白：blancs ブラン ○
青：bleus ブル ●
黄：jaunes ジョーヌ ●
紫：mauves モーヴ ●
緑：verts ヴェー ●
赤：rouges るージュ ●

Papeterie
文房具屋さん

パリの文房具屋さんを訪れたなら、ありきたりなポストカードを買うだけではもったいない！ 店内をじっくり見てまわれば、素朴なペンや便せん、ノートをカバーするプロテージュカイエ、フランスをかたどった地名入りの定規など、フランスならではのシンプルでかわいい文房具に出会えます。

▰▰▶ ［エッフェル塔／パリのモニュメント］のポップアップ・カードはありますか？
Avez-vous des cartes pop-up [de la Tour Eiffel / des monuments parisiens]？
アヴェヴ・デ・かるトゥ・ポップアップ［ドゥラ・トゥー・エフェル／デ・モニュモン・パリズィアン］↗

▰▰▶ ☐ を探しています。
Je cherche ☐ .
ジュ・シェるシュ ☐

※ エトセトラ

ポストカードを買うと封筒が無料でついてくる場合があります。

ポストカード：**une carte postale** ユヌ・カるトゥ・ポスタル
便せん／封筒：**du papier à lettre / une enveloppe**
デュ・パピエ・ア・レットゥる／ユノンヴロップ
ボールペン：**un stylo à bille / un BIC** アン・スティロ・アビーユ／アン・ビック
万年筆：**un stylo plume** アン・スティロ・プリュム
シャープペンシル：**un porte-mines** アン・ぽるトゥ・ミン
消しゴム：**une gomme** ユヌ・ゴム
ノート：**un cahier** アン・カイエ
カレンダー：**un calendrier** アン・カロンドゥリエ
スケジュール帳：**un agenda** アンナジョンダ

スーパーマーケット での基本的なやりとり

スーパーでは、基本的に会話をしなくてもお買いものできますが、質問フレーズやコーナーの名前、レジでの簡単な受け答えをおさらいしておくと安心です。

質問　もっと詳しく→P110

- すみません、[歯ブラシ]と[シャンプー]を探しているのですが。

  Bonjour. Je cherche [une brosse à dents] et [un shampooing] ?
  ボンジュー　ジュ・シェるシュ [ユヌ・ブロス・アドン] エ [アン・シャンポワン] ♪

- [3つ目]の通路を左に折れたところにあります。

  C'est la [troisième] allée à gauche.
  セラ [トゥろワジエム] アレ・ア・ゴーシュ

- すみません、[ビスケット]のコーナーはどこですか？

  Bonjour. Où se trouve le rayon [gâteaux secs] ?
  ボンジュー　ウ・ストゥるヴ・ル・れイヨン・[ガトーセック] ♪

- あちらです。

  C'est par là.
  セ・パー・ラ

会計　もっと詳しく→P112

- こんにちは。

  Bonjour.
  ボンジュー

- こんにちは。

  Bonjour.
  ボンジュー

- [25ユーロ] になります。

  Ça fait [vingt-cinq euros].
  サフェ [ヴァンサンク・ウーろ]

- 現金で支払います。

  Je paie en espèces.
  ジュ・ペイ・オンネスペス

- クレジットカードで支払います。

  Je paie par carte.
  ジュ・ペイ・パー・かるトゥ

● カードでの支払いは
最低[10ユーロ]からになります。

Nous n'acceptons les cartes qu'à partir de [dix euros].
ヌ・ナクセプトン・レ・かるトゥ・カパるティー・ドゥ [ディズーロ]

● ポイントカードはお持ちですか？

Avez-vous une carte de fidélité ?
アヴェヴ・ユヌ・かるトゥ・ドゥ・フィデリテ↗

▰ いいえ。

Non.
ノン

▰ はい。

Oui.
ウィ

● 暗証番号を押してください。

Tapez votre code, s'il vous plaît.
タペ・ヴォトゥる・コッドゥ・スィルヴプレ

● カードを引き抜いてください。

Retirez votre carte.
るチれ・ヴォトゥる・かるトゥ

● レシートとカードのレシートです。

Voici le ticket de caisse et le ticket de carte.
ヴォワスィ・ル・チケ・ドゥ・ケス・エ・ル・チケ・ドゥ・かるトゥ

▰ 袋をもらえますか？

Je peux avoir un sac ?
ジュプ・アヴォワー・アン・サック↗

● 有料で[30サンチーム]です。

Il est payant. Ça coûte [trente centimes].
イレ・ペイヤン　サクートゥ
[トろントゥ・ソンチーム]

▰ はい、お願いします。

Oui, s'il vous plaît.
ウィ・スィルヴプレ

● ありがとうございました。
良い1日を。

Merci à vous. Je vous souhaite une bonne journée.
メるスィ・アヴ　ジュヴ・スエットゥ・ユヌ・ボヌ・ジュるネ

▰ ありがとう、さようなら。

Merci beaucoup. Au revoir.
メるスィ・ボク　オヴォワー

Supermarché
スーパーマーケット

慣れない旅先で何かと便利なスーパーマーケット。システムは日本とほとんど変わらず、話す必要も最小限に留められるから旅行者にとっては心強い存在です。パリでは朝9時から夜9時ごろまでオープンしているところが多く、日曜でも午前中だけ営業しているお店も増えています。ミネラルウォーターやおやつを調達したり、パリの日常を感じられる生活雑貨をおみやげにしたり、上手に使いこなせたらパリの旅がぐんとスムーズになるはず。

買う　スーパーマーケット

野菜とくだものの量り方

店内の雰囲気から買い方まで、日本とそれほどちがわないフランスのスーパーですが、唯一大きく異なるのが、「野菜の量り売り」。棚にうずたかく積み上げられた野菜やくだものを好きな分だけ袋に入れ、自分で量って値札シールを貼るシステムに、初めての人は思わず面食らってしまうかもしれません。とはいえ、袋売りとちがい、りんご1個、バナナ1本、というふうに必要な分だけ買えるのは旅行者にとって便利ですよね。ちなみに、自分で量らずに、レジ係が量ってくれるお店もあります。また、量り売りとは別に、すでに値札のついたパック入り野菜・くだものがある場合もあります。

❶ 野菜・くだものコーナーの各所にある備えつけのビニール袋に好きな量だけ入れる。

❷ 計量器に袋をのせ、タッチパネルの該当する野菜やくだものの名前を押す。

❸ タッチパネルはイラストつきなのでフランス語がわからなくても大丈夫。

❹ 計量器から出てきた値札シールをビニール袋の前面に貼る。

❺ たとえ同じ野菜やくだものでも、種類別に分けて袋に入れること。

❻ 計量の必要があるすべての野菜・くだものを量り終えたら、レジへ。

☐ を探しています。 **Je cherche** ☐ . ジュ・シェるシュ ☐

ミネラルウォーター
de l'eau
ドゥロ

牛乳
du lait
デュ・レ

ヨーグルト
des yaourts
デ・ヤウート

ビスケット
des biscuits
デ・ビスキュイ

バター[無塩／有塩]
**du beurre
[doux / demi-sel]**
デュ・ブー[ドゥ／ドゥミセル]

塩の花[*1]
de la fleur de sel
ドゥラ・フルー・ドゥセル

〈 食品 〉

ワイン：**du vin** デュ・ヴァン

ビール：**de la bière** ドゥラ・ビエー

ジュース：**des jus de fruits** デ・ジュドゥ・フリュイ

ジャム：**des confitures** デ・コンフィチュー

レトルト食品（電子レンジ）：**des plats cuisinés (micro-ondable)**
デ・プラ・キュイズィネ（ミクロオンダブル）

[*1] 良質の塩田で作られる大粒の天日塩。

買う　スーパーマーケット

スープ
des soupes
デ・スープ

缶詰
des conserves
デ・コンセルヴ

オリーブオイル
de l'huile d'olive
ドゥ・リュイルドリヴ

シャンプー＆リンス[★2]
du shampooing et de l'après-shampooing
デュ・シャンポワン・エ・ドゥ・ラプれ・シャンポワン

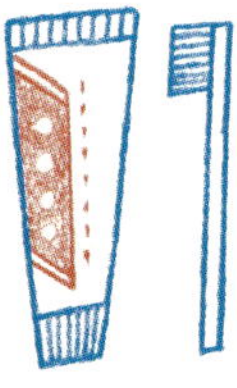

歯ブラシ＆歯みがき粉
des brosses à dents et du dentifrice
デ・ブロス・アドン・エ・デュ・ドンティフリス

エコバッグ
un sac réutilisable
アン・サック・れユティリザブル

〈 ヘルスケア・雑貨 〉

生理用品[★3]（タンポン）：
des serviettes hygiéniques (des tampons hygiéniques)
デ・セるヴィエットゥ・イジエニック（デ・タンポン・イジエニック）

コットン：**des disques en coton**　デ・ディスク・オン・コトン

ティッシュ：**des kleenex / des mouchoirs**　デ・クリネクス／デ・ムショワー

電池：**des piles**　デ・ピル

絆創膏：**des pansements**　デ・パンスモン

★2 一般的に、キャップが上についているのがシャンプー、下向きなのがリンス。　★3 ナプキンのこと。パンティライナーは「des protèges-slips／デ・プロテージュ・スリップ」。

111

▰▰ ☐ のコーナーはどこですか？

Où se trouve le rayon ☐ ?

ウ・ストゥるヴ・ル・レイヨン ☐ ↗

乳製品：**laitage** レタージュ
野菜＆くだもの：**fruits et légumes** フリュイ・エ・レギュム
肉：**viande** ヴィアンドゥ
魚：**poisson** ポワッソン
缶詰：**conserves** コンセるヴ
調味料：**condiments** コンディモン
米・パスタ：**riz et pâtes** り・エ・パットゥ
冷凍食品：**surgelés** スュるジュレ
レトルト食品：**plats cuisinés** プラ・キュイズィネ
お惣菜：**traiteur** トれトゥー
お菓子：**biscuits** ビスキュイ
コスメ：**cosmétique** コスメティック
ビューティー＆ヘルスケア：**beauté et hygiène** ボテ・エ・イジエンヌ
文房具：**papeterie** パプトゥリ
雑誌：**magazines** マガズィヌ

▰▰ 野菜の量り方を教えてください。

Pouvez-vous m'expliquer comment peser les légumes ?

プヴェヴ・メクスプリケ・コモン・プゼ・レ・レギュム ↗

会計

▰▰ 列の最後尾はここですか？

C'est la fin de la queue ?

セラ・ファン・ドゥラク ↗

（列に横入りされたら、あまりきつくない口調で）

▰▰ すみません、私が先に並んでいました。

Excusez-moi. J'étais avant vous.

エクスキュゼ・モワ　ジェテ・アヴァン・ヴ

❀ エトセトラ

各コーナーの名前は天井からパネルが吊るされていたり、大きな棚の上部に記されていることが多いです。

自分の番が来たら、レジ係に「Bonjour／ボンジュー」とあいさつしましょう。

買う　スーパーマーケット

● 野菜を量り忘れていますよ。
Vous avez oublié de peser vos légumes.
ヴザヴェ・ウブリエ・ドゥ・プゼ・ヴォ・レギュム

● 待っていてください。量ってきます。
Pouvez-vous attendre ? Je vais les peser.
プヴェヴ・アトンドゥる↗　ジュヴェ・レ・プゼ

● すみません、やっぱりこの商品を買うのをやめます。
Excusez-moi. Je ne prends pas cet article.
エクスキュゼ・モワ　ジュヌ・プロンパ・セタるティクル

● ［Visa／Master］カードは使えますか？
Je peux payer par carte [Visa / Master] ?
ジュプ・ペイエ・パー・カるトゥ［ヴィザ／マスター］↗

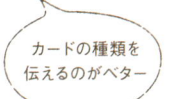

（カードの種類を伝えるのがベター）

● カードの使用は［10ユーロ］以上になります。
Nous n'acceptons les cartes qu'à partir de [10 euros].
ヌ・ナクセプトン・レ・カるトゥ・カパるティー・ドゥ［ディズーろ］

● 袋は有料ですか？
Le sac est payant ?
ル・サック・エ・ペイヤン↗

● エコバッグをください。
Je voudrais un sac réutilisable.
ジュヴドゥれ・アン・サック・れユティリザブル

🦋 エトセトラ

フランスの場合、買いものかごをそのままレジ台の上に置くことはほとんどありません。買った商品をかごから取り出して置きましょう。

万が一、野菜を量り忘れた場合はレジ係に待ってもらい、急いで量って戻ってきましょう。

無料の袋がない場合が多いので、持参するのがベター。

商品はレジが通ったものから自分で袋づめしましょう。後ろに人が並んでいてもあせらずに、財布をしっかりとバッグにしまいましょう。みんな案外気長に待ってくれます。

マルシェ での基本的なやりとり

威勢の良い声があちこちで飛び交うマルシェ。初めての人はちょっと怖じ気づいてしまうかもしれませんが、会話は案外シンプルです。

質問する

● 次はどなたですか？

Personne suivante ?
ペルソン・スュイヴァントゥ⤴

（軽く手を上げて）
▶ 私です。

C'est moi.
セモワ

● はい、いらっしゃい。

Bonjour, Madame.
ボンジュー・マダム

▶ こんにちは。

Bonjour, Monsieur.
ボンジュー・ムッシュー

● 何にしましょう？

Qu'est-ce qu'il vous faut ?
ケスキル・ヴフォ⤴

▶ ［りんご2個］と［ラズベリー1箱］ください。

Je voudrais [deux pommes] et [une barquette de framboises].
ジュヴドゥれ［ドゥ・ポム］エ
［ユヌ・バるケットゥ・ドゥ・フらンボワーズ］

〜 別の店で

▶ ［えび5尾］と［スモークサーモン2切れ］ください。

[Cinq crevettes roses] et [deux tranches de saumon fumé], s'il vous plaît.
［サンク・クるヴェットゥ・ろズ］エ［ドゥ・トらンシュ・ドゥ・ソモンフュメ］スィルヴプレ

〜 別の店で

▶ ［田舎パテを薄く1切れ］と［生ハムを2切れ］ください。

Je voudrais [une fine tranche de pâté de campagne] et [deux tranches de jambon cru].
ジュヴドゥれ［ユヌ・フィヌ・トらンシュ・ドゥ・パテ・ドゥ・カンパーニュ］エ［ドゥ・トらンシュ・ドゥ・ジャンボンクりュ］

- ● ほかに欲しいものはありますか？

- ▶ はい、[じゃがいものグラタン]と[にんじんのサラダ]を[1人]分ずつください。

- ● これで全部ですか？

- ▶ はい、これで全部です。

- ● 全部で[12.4ユーロ]になります。

- ● ありがとうございました。良い1日を。

- ▶ どうもありがとう、あなたも良い1日を。

Voulez-vous autre chose ?
ヴレヴ・オートゥるショーズ↗

Oui. [Du gratin dauphinois] et [des carottes râpées] pour [une personne], s'il vous plaît.
ウィ　[デュグらタン・ドフィノワ] エ [デ カろットゥ・らペ] プー [ユヌ・ペルソン] スィルヴプレ

Et avec ça ?
エ・アヴェックサ↗

C'est tout.
セ・トゥ

Ça fait [douze euros quarante].
サフェ [ドゥーズユーろ・カらントゥ]

Merci. bonne journée.
メるスィ　ボヌ・ジュるネ

Merci, vous aussi.
メるスィ・ヴゾッスィ

Marché
マルシェ

たくさんの人が途切れることなく列をなすマルシェでは、店のムッシューやマダムが手際良くお客さんをさばいていきます。常連のお客さんが、欲しいものをスラスラと注文し、質問と返事がポンポンとリズム良く交わされる様には、思わず面食らってしまうかもしれません。でも、大丈夫。笑顔であいさつをして、大きな声でくだものや野菜の名前を告げれば、きっと伝わります。ものすごい人混みの中、くれぐれもスリには気をつけましょう。

買う　マルシェ

> 少し味見させてくれるお店もあります

- これは何ですか？
  Qu'est-ce que c'est ?
  ケスクセ↗

- おすすめはどれですか？
  Qu'est-ce que vous me recommandez ?
  ケスク・ヴム・るコマンデ↗

> サラミやチーズ選びに迷ったら

- これはオーガニックですか？
  C'est bio ?
  セ・ビオ↗

- これをください。
  Je voudrais ça.
  ジュヴドゥれ・サ

> 名前がわからなければ指さして

> グラムでの量がピンとこなければ

- [1人／2人] 分ください。
  J'en veux pour [une personne / deux personnes].
  ジョンヴ・プー [ユヌ・ぺるソンヌ／ドゥ・ぺるソンヌ]

- [5ユーロ] 分ください。（→数字はP184）
  J'en veux pour [cinq euros].
  ジョンヴ・プー [サンク・ウーろ]

> これぐらいですか？と聞かれたら

- はい、それで良いです。
  Oui, c'est très bien.
  ウィ・セ・トれビアン

- もう少し [増やして／減らして] ください。
  Mettez en [plus / moins].
  メテゾン [プリュス／モワン]

- [あまり熟れていない／良く熟れた] ▭ をください。
  Je voudrais ▭ [pas trop mûr / bien mûr].
  ジュヴドゥれ ▭ [パトゥろ・ミュー／ビアン・ミュー]

- （量ってくれているときに）それで何ユーロになりますか？
  Il y en a déjà pour quel prix maintenant ?
  イリヨンナ・デジャ・プー・ケルプリ↗

🛍 エトセトラ

2つ以上のものを頼むときは、単語を「et／エ」でつなげればOK。

その都度お店の人が品物を探しに行くので、考えながら少し間隔を開けて次の品物を言っても良いでしょう。

🛍 エトセトラ

さくらんぼのような小さなくだものは、グラムや個数を指定しなければ、量を確認しながら袋に入れてくれます。

パテやチーズのような切り売りのものも、ナイフで幅を示して確認してくれるので、返事をしましょう。

117

☐ をください。 **Je voudrais** ☐ . ジュヴドゥれ ☐

洋梨
une poire
ユヌ・ポワー

りんご
une pomme
ユヌ・ポム

いちご ★1
une barquette de fraises
ユヌ・バるケットゥ・ドゥ・フれーズ

ラズベリー ★2
une barquette de framboises
ユヌ・バるケットゥ・ドゥ・フらンボワーズ

桃
une pêche
ユヌ・ペッシュ

バナナ
une banane
ユヌ・バナヌ

★1,2 ラズベリーやいちごは通常小さなトレイ（barquette／バるケットゥ）に入って売られている。

エトセトラ

いろいろな屋台で買いものをするので、ひとまとめにして持ち歩ける大きなバッグを持参すると便利です。

「un（アン）／ une（ユヌ）」がついている単語は「1個」を意味します。複数欲しいときは希望する数に置き換えて使いましょう。

（→数字はP184）

トマト：**une tomate** ユヌ・トマットゥ
レタス：**une salade** ユヌ・サラッドゥ
きゅうり：**un concombre** アン・コンコンブる
マッシュルーム：**des champignons de Paris** デ・シャンピニョン・ドゥ・パり
アプリコット：**un abricot** アンナブリコ
さくらんぼ：**des cerises** デ・スリーズ
→肉は P37、→パンは P50、→お惣菜は P52、→チーズは P54

118

買う　マルシェ

アボカド
un avocat
アンナヴォカ

スモークサーモン
une tranche de saumon fumé
ユヌ・トらンシュ・ドゥ・ソモン・フュメ

ゆでえび
des crevettes roses
デ・クるヴェットゥ・ロズ

パテ
une tranche de pâté
ユヌ・トらンシュ・ドゥ・パテ

サラミ
un saucisson
アン・ソスィソン

ハム（生ハム）
une tranche de jambon blanc (jambon cru)
ユヌ・トらンシュ・ドゥ・ジャンボン・ブラン（ジャンボン・クリュ）

▶ ☐ に食べごろの ■ をください。

Je voudrais ■ pour manger ☐

ジュヴドれ ■ プー・マンジェ ☐

今日：**aujourd'hui** オジュるデュイ
明日：**demain** ドゥマン
あさって：**après demain** アプれドゥマン
4日後：**dans quatre jours** ダン・カットる・ジュー

Marché aux puces
蚤の市

パリに来たら一度は訪れたい名物の蚤の市。素朴な柄のカフェオレボウルや古き良き時代のビストロを想わせる水差し、カラフルなイラストがかわいいビュバーやキーホルダー、繊細な刺繍がほどこされたリネン類……。年季を重ねてさらに魅力を増すオブジェたちは、アンティークに興味がない人でも思わずひとつ欲しくなってしまいます。お店のムッシューと会話を楽しみながら、値段の交渉もできたらもうパリ上級者！

- いくらですか？
  C'est combien ?
  セ・コンビアン↗

- 値下げしてもらえませんか？
  Vous pouvez baisser le prix ?
  ヴプヴェ・ベセ・ルプリ↗

〈理由〉

少し傷んでいるので：Parce qu'il est un peu abîmé. パルスキレ・タンプ・アビメ
シミがついているので：Parce qu'il est taché. パルスキレ・タシェ
かけているので：Parce qu'il est ébréché. パルスキレ・テブレシェ
ヒビがはいっているので：Parce qu'il est fêlé. パルスキレ・フェレ
複数まとめて買うので：Parce que je vous achète plusieurs objets.
パルスク・ジュヴ・ザシェットゥ・プリュズュー・ゾブジェ

- いいえ、少し考えます。
  Non, merci. Je vais réfléchir.
  ノン・メルスィ　ジュヴェ・れフレシー

  （はっきりと断りづらいときは）

- これを買います。
  Je prends ça.
  ジュ・プロン・サ

- ［30／40／50／60／70］年代の □ はありますか？（→単語はP122）
  Avez-vous □ des années [trente / quarante / cinquante / soixante / soixante-dix] ?
  アヴェヴ・□・デザネ［トロントゥ／カラントゥ／サンカントゥ／スワサントゥ／スワサントゥディス］↗

- どこの国のものですか？
  Quel est son pays d'origine ?
  ケレソン・ペイ・ドリジヌ↗

- 状態のより良いものはありますか？
  Vous l'avez en meilleur état ?
  ヴラヴェ・オン・メイユー・エタ↗

🎀 エトセトラ

現金で支払うのが基本なので、前もってATMで引き出しておくのがベター。

その分、お金の出し入れには気をつけてスリには細心の注意を払いましょう。

☐ を探しています。 **Je cherche** ☐ . ジュ・シェるシュ ☐

食器類
de la vaisselle
ドゥラ・ヴェッセル

スタンプ
des tampons encreurs
デ・タンポン・オンクるー

ビュバー★1
des buvards
デ・ビュヴァー

キーホルダー
des porte-clefs
デ・ポるトゥクレ

キャニスター
des séries de pots à épices
デ・セリ・ドゥ・ポ・アエピス

リネン類
du linge
デュ・ランジュ

★1 商品広告用に作られていたインク吸い取り紙。

アンティークレース：**de la dentelle ancienne** ドゥラ・ドンテル・アンスィエンヌ
灰皿：**des cendriers** デ・ソンドリエ
カップ＆ソーサー：**des tasses et des soucoupes** デ・タッス・エ・デ・スクップ
刺繍入りリネン：**du linge brodé** デュ・ランジュ・ブロデ
ぬいぐるみ：**des peluches** デ・プリュシュ
アクセサリー：**des bijoux** デ・ビジュ →アクセサリーの名前はP87
アンティークボタン：**des boutons anciens** デ・ブトン・ザンスィアン
おもちゃ：**des jouets** デ・ジュエ
ピッチャー：**des pichets** デ・ピシェ
カフェオレボウル：**des bols à café** デ・ボル・ア・カフェ
絵本：**des livres pour enfants** デ・リーヴる・プー・オンファン
古雑誌：**des magazines anciens** デ・マガズィヌ・ザンスィアン

Infos utiles 2

パリのマルシェと蚤の市

パリジャンたちの普段の暮らしを垣間見られる朝市と、フランスならではの雰囲気が味わえる蚤の市をいくつか紹介します。

マルシェ

Marché biologique de Raspail
ラスパイユのビオ市場

パリの代表的なオーガニック市場。テイクアウトできる食べものも豊富。

住所：boulevard Raspail 75006
（rue de Rennesとrue du Cherche Midiの間）　メトロ：Rennes ⑫
時間：日 9:00-15:00

Marché des Enfants Rouges
マルシェ・デ・ザンファン・ルージュ

17世紀誕生のパリ最古の市場。その場で食べられるクスクスや和食の屋台も人気。

住所：39 rue de Bretagne 75003
メトロ：Filles du Calvaire ⑧
時間：火-土 8:30-19:30、
日 8:30-14:00

Marché d'Aligre
アリーグル市場

バスティーユ界隈の人気の市場。古着や骨董なども並び蚤の市気分も味わえる。

住所：place d'Aligre 75012
メトロ：Ledru Rollin ⑧
時間：火-日 7:30-13:30
（土・日は14:30まで）

Marché aux fleurs et aux oiseaux
シテ島の花市・鳥市

セーヌ川に浮かぶシテ島にある花市は毎日オープン。日曜には珍しい鳥市が。

住所：Place Louis Lépine et Quai de la Corse 75004　メトロ：Cité ④
時間：月-日 8:00-19:30
（鳥市は日曜のみ）

蚤の市

Marché aux puces de Clignancourt
クリニャンクールの蚤の市

骨董好きならぜひ足を運びたいパリ最大の蚤の市。にぎやかな土日がおすすめ。

場所：rue des Rosiersとその周辺 93400 Saint Ouen　メトロ：Porte de Clignancourt④　時間：土 9:00-18:00、
日 10:00-18:00、月 11:00-17:00

Marché aux puces de Vanves
ヴァンヴの蚤の市

初心者でも買いやすいセレクトが魅力の、日本人旅行者にイチオシの蚤の市。

場所：avenue Marc Sangnier、avenue Georges Lafenestreとその周辺 75014
メトロ：Porte de Vanves ⑬
時間：土・日 7:00-14:00

Problèmes 2

買う にまつわるトラブル

お買いもので考えられるトラブルは会計と返品・交換。カードの暗証番号を打つ前や、レジでおつりを渡されたら、慌てずに納得いくまで確認すること。返品や交換で貴重な滞在時間をムダにしないよう、購入前に傷がないかもしっかりチェック。

列に並んでいるとき

- 私が先に並んでいたと思うのですが……。
  Je pense que j'étais avant vous.
  ジュ・ポンスク・ジェテ・アヴァンヴ

- 先に並んでいるのに気づきませんでした、すみません。
  Je ne savais pas que vous faisiez la queue, pardon.
  ジュヌ・サヴェパク・ヴフズィエ・ラク・パるドン

会計

- 計算が間違っているようなのですが……。
  J'ai l'impression qu'il y a une erreur sur le calcul.
  ジェ・ランプれッスィオン・キリヤ・ユネるー・スュー・ルカルキュル

- おつりの額が間違っているようです。
  Il y a une erreur dans la monnaie rendue.
  イリヤ・ユネるー・ダン・ラモネ・ろンデュ

- 私は［10／20／50］ユーロ札を渡しました。
  Je vous ai donné un billet de [dix / vingt / cinquante] euros.
  ジュヴゼ・ドネ・アンビエ・ドゥ［ディス／ヴァン／サンカントゥ］ウーろ

- カードを返していただけますか？
  Pouvez-vous me redonner ma carte ?
  プヴェヴ・ムるドネ・マ・カるとゥ

お店を出るとき

防犯アラームが鳴ったら

● 買いもの袋の中とレシートを見せてください。
Vous pouvez ouvrir votre sac et montrer le ticket de caisse ?
ヴプヴェ・ウヴリー・ヴォトゥる・サック・エ・モントれ・ル・チケ・ドゥ・ケス

● 防犯アラームのタグがついたままです。
L'antivol n'a pas été retiré.
ランチヴォル・ナパゼテ・るティれ

返品・交換

▶ これは私が [昨日／☐日前に] この店で買ったものです。(→数字はP184)
J'ai acheté cet article [hier / il y a ☐ jours].
ジェ・アシュテ・セッタるティクル [イエー／イリヤ ☐ ジュー]

▶ 返品・返金をお願いします。
Je voudrais le rendre et être remboursé(e).
ジュヴドゥれ・ル・ろンドる・エ・エートゥる・ろンブるセ

▶ ☐ なので交換をお願いします。
Je voudrais l'echanger. ☐
ジュヴドゥれ・レシャンジェ ☐

エトセトラ

洋服の返品や交換をするときは値札をつけた状態で、レシートとともに渡しましょう。セール品に限って交換を受けつけない場合があるので、注意しましょう。

〈 理由 〉

傷がついている（傷んでいる）から：**Parce qu'il est abîmé.** パるスキレ・タビメ

穴が開いているから：**Parce qu'il a un trou.** パるスキラ・アン・トゥる

シミがついているから：**Parce qu'il a une tache.** パるスキラ・ユヌ・タッシュ

サイズが正しくないから：**Parce que la taille n'est pas bonne.**
パるスク・ラタイユ・ネパ・ボヌ

きちんと動かないから：**Parce qu'il ne fonctionne pas.**
パるス・キルヌ・フォンクシオヌ・パ

考えが変わったから：**Parce que j'ai changé d'avis.** パるスク・ジェ・シャンジェ・ダヴィ

Infos utiles 3

パリのデパート＆セール情報

何でもそろうデパート（grand magasin／グラン・マガザン）は、時間に追われる旅行者の心強い味方。それぞれの個性や特徴を把握してうまく使い分ければ、あなたもパリジェンヌのようなお買いもの上手になれるでしょう。

Les Galeries Lafayette
ギャラリー・ラファイエット

「ギャラリー」の愛称で親しまれるパリ右岸を代表するデパート。カジュアルなブランドから高級ブランドまで幅広いセレクトが特徴で、旅行グッズやおみやげも充実しています。

住所：40 boulevard Haussmann 75008
メトロ：Chaussée d'Antin La Fayette ⑦⑨
営業日：月-土 9:30-20:00（木は21時まで）
定休日：日

Le Printemps
プランタン

1865年創業の老舗百貨店。流行を敏感にキャッチし、どんな時代も新しく生まれ変わり続ける姿勢が魅力。ゆったりショッピングを楽しみたい人におすすめ。

住所：64 boulevard Haussmann 75008
メトロ：Havre Caumartin ③⑨
営業日：月-土 9:35-20:00（木は22時まで）
定休日：日

Le Bon Marché / La Grande Épicerie de Paris
ボン・マルシェ／ラ・グランド・エピスリー・ドゥ・パリ(食品館)

世界最古のデパートとして知られるボン・マルシェはパリ左岸唯一のデパート。向かい側の食品館は、世界各地からおいしいものが集まるグルメなスポット。

住所：24 rue de Sèvres 75007
メトロ：Sèvres Babylone ⑩⑫
営業日：月-土 10:00-20:00（木・金は21時まで）、
食品館9:30-21:00　定休日：日

BHV
ベー・アッシュ・ヴェ

市庁舎のすぐ横、旗がなびく丸いドーム屋根が目印です。いちばんの特徴はDIYの見事な品ぞろえ。キッチン、インテリア雑貨も充実しています。

住所：52 rue de Rivoli 75004
メトロ：Hôtel de Ville ①⑪
営業日：月-土 9:30-19:30（水21時、土20時まで）
定休日：日

FNAC
フナック

パリのいたるところにある書籍とCD・DVD、オーディオ機器の専門店。住所はパリで唯一の年中無休、深夜営業のシャンゼリゼ店。

住所：74 avenue des Champs Elysées 75008
メトロ：George V ①
営業日：月-土 10:00-23:40（日は12時～）
定休日：無休

パリのセール情報

フランスではセール期間が法律で定められており、夏は6月末～7月末、冬は1月中旬～2月中旬のいずれも5週間で、水曜日スタートが通例。とはいえ、セール期間外にも、「春のプロモーション」、「おトクな2週間」と名前を変えて割引セールをしているお店がたくさんあるので、チェックしましょう。

{ 観る }

Visiter

時を超えた魅力を放ち続けるパリ。山手線の内側にすっぽりと入ってしまうくらい実は小さなこの街に、毎年世界でいちばん多くの観光客が集まるのですから、主要な観光スポットはいつも大にぎわいです。広く浅く全部観てみたい欲張りさんも、興味のある場所をじっくり訪れたいこだわり屋さんも、それぞれに満足できるパリ観光ができるよう、この本のフレーズを活用してみてください。

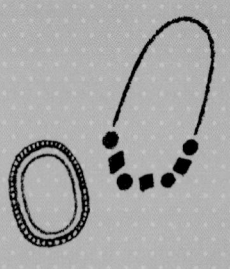

パリ観光をスムーズに楽しむための6のヒント

1. 効率的なパリ観光のために

エッフェル塔やルーヴル美術館など混雑する人気スポットは週末を避けたり夜間開館を活用したりしてみましょう。短期間にたくさんの観光スポットを見てまわるならパリ・ミュージアム・パスも便利です。
(→詳しくは P137)

2. 休館日を確認

多くの美術館やモニュメントは日曜や祝日も開館していますが、1/1、5/1、12/25は休館が多いです。祝日の開館・休館は施設ごとに異なるので事前に確認を。
(→詳しくは P138)

3. 常設展と企画展

美術館には、年間を通じて見学できる常設展 (collection permanente ／コレクシオン・ペルマノントゥ) と、期間限定で毎回テーマが変わる企画展 (exposition temporaire ／エクスポジシオン・トンポレー) の2種類があります。企画展のチケットで常設展も見学可能です。

4. セキュリティチェックと荷物

セキュリティチェックが強化されて、バッグやボディのチェックがあるところも。スーツケースはほかの見学者の邪魔になるのでクローク (consigne ／コンスィーニュ) へ。リュックは肩にかけず手に持つよう指示されます。

5. 写真撮影

写真撮影またはフラッシュ使用を禁止する美術館がほとんどです。入口や館内にはカメラのイラストを使ってはっきりと表示してあるので確認し、マナーを守りましょう。わからないときは監視員に確認を。
(→詳しくは P131)

6. スリに注意

観光スポット周辺や最寄りのメトロ駅では、スリが頻発しています。カバンの口は必ず閉め、できれば斜めがけにする、財布は奥のほうに入れる、持ち歩く現金は少なめに、など注意を怠らないようにしましょう。

観る の基本6フレーズ

美術館やモニュメントの見学はおそらくいちばん会話の機会が少ないシチュエーション。でも、実用的な質問を使いこなせればより効率的な旅になりますよ。

1

大人1枚ください。

Un adulte, s'il vous plaît.
アンナデュルトゥ・スィルヴプレ

「美術館やモニュメントの入口で切符を買うとき、最もシンプルな言い方はこれ。チケットは「billet ／ビエ」ですが、人数だけ伝えればいいのは日本語と同じ。子どもは「un enfant ／アンノンファン」、学生は「un étudiant ／アンネチュディアン」。

2

パリ・ミュージアム・パスは使えますか？

Vous acceptez le museum pass ?
ヴザクセプテ・ル・ミュゼオム・パス↗

パリとパリ郊外合わせて60以上の美術館やモニュメントで使える「パリ・ミュージアム・パス」。これがあれば並ばずに入れるので、入口の列やチケット購入の列に並ぶ前に確認できれば時間の節約になります。(→詳しくはP137)

3

案内図をもらえますか？

Pouvez-vous me donner un plan ?
プヴェヴ・ムドネ・アン・プラン↗

チケットを買う窓口では案内図をくれないところがほとんどなので、インフォメーションでもらいましょう。ルーヴルやオルセーなど日本人観光客が多い場所では日本語版もあるので便利です。

4

写真を撮ってもいいですか？

Je peux prendre des photos ?
ジュプ・プロンドゥる・デフォト ♪

写真撮影については、「フラッシュなしなら OK」から「完全に禁止」まで場所によってポリシーがさまざま。入口や館内にカメラのイラストとともに指示が表示されていることが多いですが、念のために確認すればますます安心です。

5

☐（芸術家の名前）の作品はどこにありますか？

Où je peux trouver les œuvres de ☐ ?
ウ・ジュプ・トゥるヴェ・レズーヴる・ドゥ ☐ ♪

短いパリ滞在のあいだに、できるだけたくさんの美術館を訪れたいなら、まずお目当ての作品から見てまわるのが鉄則です。案内図だけではわかりづらいときは、展示室にいる監視員の方にこう聞いてみましょう。

6

何時に閉まりますか？

Ça ferme à quelle heure ?
サ・フェるム・アケルー ♪

閉館時間の 15 〜 30 分前から徐々に展示室が閉鎖され、退出をうながされる場合が多いので、遅めの時間に入館する場合はこのフレーズで閉館時間を確認して、見学のペースを配分しましょう。

入館

> queue（列）は「ク」と発音。「キュ」と発音すると「お尻」と聞き間違えられるので注意

- 列はここですか？
 C'est ici qu'il faut faire la queue ?
 セティスィ・キルフォ・フェー・ラク↗

- 列の最後尾はここですか？
 C'est la fin de la queue ?
 セ・ラファン・ドゥ・ラク↗

- かばんを開けてください。
 Pouvez-vous ouvrir votre sac ?
 プヴェヴ・ウヴリー・ヴォトゥル・サック↗

> 入口のセキュリティチェックで

チケット売り場で

- ［大人1枚／学生1枚］ください。
 [Un adulte / un étudiant], s'il vous plaît.
 ［アンナデュルトゥ／アンネチュディアン］ スィルヴプレ

- ［大人1枚］と［子ども1枚］ください。
 [Un adulte] et [un enfant], s'il vous plaît.
 ［アンナデュルトゥ］エ［アンノンファン］ スィルヴプレ

- 企画展のチケットを［大人1枚］ください。
 [Un billet adulte] pour l'exposition temporaire, s'il vous plaît.
 ［アン・ビエ・アデュルトゥ］ プー・レクポズィシオン・トンポレー・スィルヴプレ

- パリ・ミュージアム・パスは使えますか？
 Vous acceptez le museum pass ?
 ヴザクセプテ・ル・ミュゼオム・パス↗

- ［大人1人］の料金はいくらですか？
 Quel est le tarif pour [un adulte] ?
 ケレ・ル・タリフ・プー［アンナデュルトゥ］↗

🐾 エトセトラ

リュックサックは背負っていると作品に触れる危険があるので、手に持つよう指示される場合があります。

ルーヴル、オルセー、オランジュリーの各美術館では18歳未満は無料、オルセー、オランジュリーではEU圏外在住の18～25歳は割引料金が適用されます。年齢を証明できるパスポートや国際学生証を提示しましょう。

観る　美術館・博物館

- 学生料金はありますか？
   Vous avez un tarif étudiant ?
   ウザヴェ・アン・タリフ・エチュディアン♪

- ☐ 歳の子どもは無料ですか？（→数字はP184）
   Pour un enfant de ☐ ans, c'est gratuit ?
   プー・アンノンファン・ドゥ ☐ アン・セ・グらチュイ♪

- 日本語のオーディオガイドはありますか？ 有料ですか？
   Avez-vous un audioguide en japonais ? C'est payant ?
   アヴェヴ・アンノディオギッドゥ・オン・ジャポネ　セ・ペイヤン♪

- 案内図をもらえますか？
   Pouvez-vous me donner un plan ?
   プヴェヴ・ムドネ・アン・プラン♪

- 日本語の案内図はありますか？
   Avez-vous le plan en japonais ?
   アヴェヴ・ル・プラン・オン・ジャポネ♪

- 何時に閉まりますか？
   Ça ferme à quelle heure ?
   サ・フェるム・ア・ケルー♪

館内で

- 写真を撮ってもいいですか？
   Je peux prendre des photos ?
   ジュプ・プろンドゥる・デフォト♪

- フラッシュなしならいいですよ。
   Oui, mais sans flash.
   ウィ・メ・サン・フラッシュ

- 写真撮影は禁止です。
   Non, c'est interdit de prendre des photos.
   ノン・セタンテるディ・ドゥ・プろンドゥる・デフォト

◼︎ ☐ はどこですか？
Où est ☐ ?
ウ・エ ☐ ↗

入口：l'entrée ロントれ
エレベーター：l'ascenseur ラソンスー
カフェ：le café ル・カフェ
ミュージアムショップ：la boutique du musée ラ・ブティック・デュ・ミュゼ

出口：la sortie ラ・ソルティ
クローク：la consigne ラ・コンスィーニュ
トイレ：les toilettes レ・トワレットゥ

トイレの場合のみ
「Où sont les toilette ?」
ウ ソン レ トワレットゥ

ルーヴル美術館で

「モナ・リザ」：la Joconde ラ・ジョコンドゥ
「ミロのビーナス」：le Vénus de Milo ル・ヴェニュス・ドゥ・ミロ
「サモトラケのニケ」：la Victoire de Samothrace ラ・ヴィクトワー・ドゥ・サモトゥらス
ダヴィッド「ナポレオン１世の戴冠式」：le Sacre de l'Empereur Napoléon 1er de David
ル・サクル・ドゥ・ロンプるー・ナポレオン・プるミエ・ドゥ・ダヴィッドゥ
ドラクロワ「民衆を導く自由の女神」：la Liberté guidant le peuple de Delacroix
ラ・リべるテ・ギダン・ル・ププル・ドゥ・ドゥラクロワ
フェルメール「レースを編む女」：la Dentellière de Vermeer
ラ・ドントゥリエー・ドゥ・ヴェるメー

❀ エトセトラ
画家の名前は日本語の発音と異なるものがあるので注意しましょう。

オルセー美術館で

印象派の絵画：les tableaux des impressionistes レ・タブロー・デザンプれッスィオニストゥ
ミレー「落穂拾い」：les Glaneuses de Millet レ・グラヌーズ・ドゥ・ミエ
マネ「草上の昼食」：le Déjeuner sur l'herbe de Manet ル・デジュネ・スュー・レるブ・ドゥ・マネ
モネ「サン・ラザール駅」：la Gare St-Lazare de Monet ラ・ギャー・サンラザー・ドゥ・モネ
ルノワール「ムーラン・ドゥ・ラ・ガレットの舞踏会」：le Bal du Moulin de la Galette de Renoir
ル・バル・デュ・ムラン・ドゥラ・ガレットゥ・ドゥ・るノワー
ドガ「エトワール」：l'Etoile de Degas レトワール・ドゥ・ドゥガ
ゴッホ「オーヴェル・シュル・オワーズの教会」：l'Eglise d'Auvers-sur-Oise de Van Gogh
レグリズ・ドゥヴェー・スュー・オワーズ・ドゥ・ヴァン・ゴーグ
ゴーギャン「タヒチの女たち」：les Femmes de Tahiti de Gauguin
レ・ファム・ドゥ・タイチ・ドゥ・ゴギャン

観る　美術館・博物館

オランジュリー美術館で

モネ「睡蓮」：les Nymphéas de Monet　レ・ナンフェア・ドゥ・モネ
ルノワール「ピアノを弾く少女」：les Jeunes filles au piano de Renoir
レ・ジュヌ・フィーユ・オ・ピアノ・ドゥ・るノワー

▶︎ ☐ の作品はどこにありますか？
Où je peux trouver les œuvres de ☐ ?
ウ・ジュプ・トゥるヴェ・レズーヴる・ドゥ ☐ ↗

レオナルド・ダ・ヴィンチ：Léonard de Vinci　レオナー・ドゥ・ヴァンスィ
ミケランジェロ：Michel Ange　ミシェランジュ
モネ：Monet　モネ
セザンヌ：Cézanne　セザンヌ
ゴッホ：Van Gogh　ヴァン・ゴーグ
ドガ：Degas　ドゥガ
マティス：Matisse　マチス
ピカソ：Picasso　ピカソ
ロダン：Rodin　ろダン

知っておくと便利な単語

世紀：siècle　スィエクル
古代：Antiquité　アンチキテ
中世：Moyen Age　モワイエナージュ

絵画：peinture / tableau　パンチュー／タブロ
油彩：peinture à l'huile　パンチュー ア リュイル
水彩：aquarelle　アクアれル
風景画：paysage　ペイザージュ

静物画：nature morte　ナチュー モるトゥ
肖像画：portrait　ポるトゥれ
彫刻：sculpture　スキュルチュー
写真：photographie　フォトグらフィ

新古典主義：Néoclassicisme　ネオクラスィスィズム
ロマン派：Romantisme　ろマンティズム
写実主義：Réalisme　れアリズム
印象派：Impressionisme　アンプれッスィオニズム
点描主義：Pointillisme　ポワンティイズム
フォーヴィズム：Fauvisme　フォヴィズム
象徴主義：Symbolisme　サンボリズム

135

Infos utiles 4

0ユーロで美術館めぐり

たとえフランスを、いえ、世界を代表する美術館であっても誰でもタダで見学できる日がある、というのはやはり、文化を大切にし、芸術を愛するお国柄ゆえでしょうか。旅の予算が厳しいというあなたに、無料で見学できる日のある代表的な美術館をご紹介します。ただし無料の日は見学者が増えるので要注意です。また、常設展は無料でも企画展は有料の場合が多いです。

常設展が年中無料の美術館

パリ市立美術館（プチ・パレ）
カルナヴァレ美術館
ヴィクトル・ユーゴー記念館
コニャック・ジェイ美術館
ロマン派美術館
ザッキン美術館

毎月第1日曜日が年中無料の美術館

ルーヴル美術館（革命記念日 7/14 も無料）
オルセー美術館
オランジュリー美術館
国立近代美術館（ポンピドゥー・センター）
クリュニー中世博物館
ロダン美術館
ドラクロワ美術館（革命記念日 7/14 も無料）
ギュスターヴ・モロー美術館
建築・遺産博物館
ケ・ブランリー美術館
※一部見学できない展示がある場合も

水曜夜間が無料の美術館

ヨーロッパ写真美術館（17～20時）

パリ・ミュージアム・パス活用術

「パリ・ミュージアム・パス／Paris Museum Pass」は、パリと郊外にある60を超える美術館とモニュメントの共通入場フリーパス。チケット売場に並ぶ必要がなく、再入場も可能。利用可能施設であれば好きなだけ見学できる、便利なパスです。ヴェルサイユ宮殿やルーヴル美術館など、チケット購入にも長い行列ができている場所では、特にありがたいアイテムです。

利用可能な主な施設

凱旋門、ルーヴル美術館、オルセー美術館、オランジュリー美術館、ポンピドゥー・センター、ヴェルサイユ宮殿、ロダン美術館、サント・シャペル、コンシェルジュリー、ノートル・ダム大聖堂の塔、装飾博物館、ドラクロワ美術館、建築・遺産博物館、ギュスターヴ・モロー美術館、クリュニー中世博物館、パンテオン、ピカソ美術館など。

種類と価格

連続した2日 (39ユーロ)、4日 (54ユーロ)、6日 (69ユーロ) の
3種類 (価格はフランスで購入した場合)。

購入可能な場所

パリ観光案内所 (市内5箇所、詳しくはサイト参照：http://www.parisinfo.com) と、一部の美術館とモニュメント (凱旋門、ルーヴル美術館、オルセー美術館、オランジュリー美術館、ロダン美術館、ポンピドゥー・センター、装飾芸術美術館、コンシェルジュリー、サント・シャペル、ノートル・ダム大聖堂の塔、クリュニー中世博物館、パンテオン、ドラクロワ美術館、ギュスターヴ・モロー美術館、郵便博物館、建築遺産博物館など)
日本で事前に購入することも可能。
詳しくはサイト参照：http://www.parismuseumpass-japon.com

使い方

最初に使う日の日付を自分でパスに記入。
あとは美術館やモニュメントの入口で提示するだけです。

Infos utiles 5

パリの美術館＆モニュメント開館情報

パリに来たら一度は必ず訪れたい、この街を象徴する主要な美術館とモニュメント6箇所の詳しい情報をご紹介します。どれも、ただ有名なだけではなく、本当に行く価値のある場所です。混雑時は行列を覚悟しましょう。

Musée du Louvre ミュゼ・デュ・ルーヴル
ルーヴル美術館

古代から19世紀前半までの世界的に有名な作品を多く所蔵するフランス随一の美術館。年間900万人近い来館者数も世界一。

住所：Musée du Louvre 75001
メトロ：Palais Royal - Musée du Louvre ①⑦
開館時間：月・木・土・日9:00-18:00、水・金9:00-21:45
休館日：火・1/1・12/25　料金：常設展＋ドラクロワ美術館11€・常設展＋企画展＋ドラクロワ美術館15€

Musée d'Orsay ミュゼ・ドるセー
オルセー美術館

元国鉄駅の建物を用いたこの美術館は19世紀後半から20世紀初頭の作品を所蔵。印象派のコレクションが世界的に有名。

住所：5 Quai Anatole France 75007
メトロ：Musée d' Orsay RER C線Solférino ⑫
開館時間：火・水・金・土・日9:30-18:00、木9:30-21:45
休館日：月・1/1・5/1・12/25　常設展＋ドラクロワ美術館11€
料金：通常9€・割引6.5€

Musée de l'Orangerie ミュゼ・ドランジュリ
オランジュリー美術館

モネの「睡蓮」を収めるために作られた印象派・ポスト印象派美術館。2006年に自然光あふれるモダンな美術館に生まれ変わった。

住所：Jardin des Tuileries 75001
メトロ：Concorde ①⑧⑫
開館時間：月・水・木・金・土・日9:00-18:00　休館日：火・5/1・7/14午前・12/25　料金：通常7.5€・割引5€(17:00以降／EU圏外在住18〜25歳)・オルセー美術館とのペアチケット14€

Tour Eiffel トゥー・エフェル
エッフェル塔

1889年パリ万博のため建設された高さ324mのパリのシンボル。のべ2億人以上の入場者数は有料建造物としては世界最高。

住所：Champ de Mars, 5 Avenue Anatole France 75007
メトロ：Champs de Mars - Tour Eiffel RER C線、Bir-Hakeim ⑥　開館時間：6/15-9/1は9:00-24:00・それ以外は9:30-23:00　休館日：年中無休　料金：エレベーター利用（最上階まで）大人14€／ユース（12-24歳）12.5€／子ども（4-11歳）9.5€

Arc de Triomphe アるク・ドゥ・トゥりオンフ
凱旋門

ナポレオン・ボナパルトの命で建設されたシャンゼリゼ大通りの西端にあるモニュメント。屋上からは360度パノラマを楽しめる。

住所：Place du Général de Gaulle　75008
メトロ：Charles de Gaule Etoile ①②⑥、RER A線
開館時間：4/1-9/30は10:00-23:00・それ以外は10:00-22:30
休館日：1/1・5/1・5/8午前・7/14午前・11/11午前・12/25
料金：通常9.5€・割引6€

Cathédrale Notre Dame de Paris カテドゥらル・ノートゥるダム・ドゥ・パリ
ノートル・ダム大聖堂

セーヌ川のシテ島に1225年完成したゴシック様式を代表する建築。バラ窓のステンドグラスなど美しい内部も必見。

住所：6 Parvis Notre-Dame - Place Jean-Paul II 75004
メトロ：Cité ④　開館：大聖堂内 8:00-18:45・塔 4/1-9/30は10:00-18:30（6・7・8月-23:00）、それ以外10:00-17:30・クリプト（地下聖堂）10:00-18:00　休館：塔 1/1・5/1・12/25、地下聖堂 月・祝　料金：塔 通常8.50€・クリプト 通常5€

{ 移動する }

Se déplacer

観光、ショッピング、グルメ、散策……。パリにはたくさんの見どころがギュッとつまっていて、1週間、10日、いえ、1ヵ月いても飽きないくらいです。でも現実は、3泊4日大忙しの旅なんていうことも。短い時間を効率的に使うためにも、徒歩と、メトロやバス、タクシーなどの交通機関を上手に使い分けましょう。自分の足で歩いた旅は、心に残る思い出もきっとより大きくなることでしょう。

パリをスムーズに移動するための6のヒント

1. 番線とゾーン

メトロは14路線。番線と終点を確認して乗ります。パリ周辺は5ゾーンに分かれていますが、メトロ圏内は均一料金。ヴェルサイユなどに行くときに使うRERはゾーンごとに料金が変わるので要注意。

2. 切符あれこれ

メトロの切符や回数券は自動券売機（英語可）で買います。切符は磁気に近づけると使えなくなるので注意。その場合は窓口で交換してもらえます（→P156）。たまに通路で検札があるので、外に出るまで保管します。

3. RERの切符は目的地まで

RERの駅には後から差額を追加するための精算機が存在しません。不足した運賃の切符で乗っていると不正乗車とみなされることもありますので、最初からきちんと目的地までの運賃を確認して切符を買いましょう。

4. バスあれこれ

メトロ駅で購入した切符や回数券はバスで使えますが、バス内で買える切符はバス専用です。バスは渋滞で遅れの出る場合も多いので、急ぎのときはメトロ、時間に余裕のあるときはバス、と考えておきましょう。

5. タクシーに乗るときは

パリで走っているタクシーをつかまえるのは難しいので、街歩きの途中でタクシーに乗るときは「TAXIS」のパネルのあるタクシー乗り場で待ちます。レストランやホテルではタクシーを呼んでもらいましょう。

6. 迷ったらメトロの駅を探す

パリ市内にはメトロの駅がいたるところにあり、目印としても活用できます。現在地がわからないときは、まずはメトロの駅を探しましょう。万が一のときのために、宿泊ホテルの名前と住所は必ず携帯しておきましょう。（→P191）

移動する の基本6フレーズ

どこでメトロを乗り換えるか、どのバス停で降りるか、行きたい場所に歩いてどうやって行くか……。1人で悩まず、地元っ子に聞いてみるのがいちばんです。

1

☐ はどこですか？

Où est ☐ ?

ウエ ☐ ↗

パリの街を歩いているときはもちろん、メトロや RER の駅構内で、さらにはデパートやスーパーで、行きたい場所にたどり着けそうにないときにはまずこのフレーズ。親切に教えてくれそうな人をつかまえられるよう勘を働かせましょう。

2

☐ までの行き方を教えてください。

Pouvez-vous m'indiquer comment aller à ☐ ?

プヴェヴ・マンディケ・コモン・アレア ☐ ↗

☐ にメトロの駅名を入れたり、観光スポットや有名店を入れたりしてさまざまなシチュエーションで使えるフレーズ。パリの地図やメトロ路線図を見せながら質問して、必要に応じて行き方を書き込んでもらえばよりわかりやすいですね。

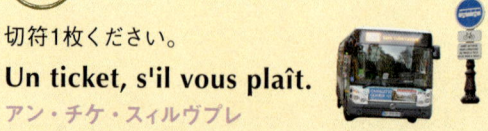

3

切符1枚ください。

Un ticket, s'il vous plaît.

アン・チケ・スィルヴプレ

バスに乗ったらこう言って運転手さんからチケットを買います。メトロの切符購入は自動販売機のみになって窓口でのコミュニケーションの機会が減りましたが、券売機の使い方を駅員さんに確認するときにもこのフレーズを。

移動する　移動するの基本6フレーズ

④

このメトロは [　　　] 駅に停まりますか？

Ce métro s'arrête à la station [　　　] ?

ス・メトゥロ・サレットゥ・アラ・スタシオン [　　　] ↗

番線と終点の駅名を看板で確認すればメトロの乗り間違いは防げますが、ホームで待ちながらそれでも不安がよぎったら、近くの人にこう聞いてみましょう。RERのときは「métro／メトゥロ」を「train／トゥラン」に替えて使います。

⑤

この近くに [　　　] はありますか？

Est-ce qu'il y a [　　　] près d'ici ?

エスキリヤ [　　　] プれ・ディスィ ↗

急いでトイレやカフェ、スーパーに行きたい、ATMでお金を引き出したいとき。地図もガイドブックもあるし、自分だけでなんとかなる！と思っても、聞いてしまったほうが早い場合も実は多いものです。

⑥

[　　　] に着いたら教えてもらえますか？

Pouvez-vous me dire quand on arrive à [　　　] ?

プヴェヴ・ムディー・カントン・ナリーヴ・ア [　　　] ↗

停留所の表示が小さく、窓からの景色だけでは判断が難しいバス。アナウンスが聞き取れず不安なときは、前もって近くの人や運転手さんにこうお願いしてみましょう。バスの場合は停留所、メトロは駅の名前を入れて使います。

Métro
メトロ

1900年に開通したメトロ（地下鉄）はパリの街に欠かせないシンボルのひとつです。運行間隔が比較的短く、均一料金で乗り換え自由、そして朝5時過ぎから深夜1時ごろまで一日中利用できる、パリで最も便利な交通手段です。現在運行しているのは14路線で、いちばん古い1番線といちばん新しい14番線が自動運転化されています。

> メトロの切符購入は自動券売機のみ

🎀 自動券売機の使い方を教えてください。
Pouvez-vous m'aider à utiliser l'automate ?
プヴェヴ・メデ・アユティリゼ・ロトマットゥ♪

🎀 [切符1枚／カルネひとつ／ゾーン1-2のモビリス]を買いたいです。
Je voudrais acheter [un ticket / un carnet / un Mobilis de la zone 1 à 2].
ジュヴドゥれ・アシュテ [アン・チケ／アン・カるネ／アン・モビリス・ドゥラ・ゾン・アン・アドゥ]

🎀 ナヴィゴ・デクヴェルトを買って、1-2ゾーンの1週間分をチャージしたいです。
Je voudrais acheter le Pass Navigo Découverte et le forfait semaine de la zone 1 à 2.
ジュヴドゥれ・アシュテ・ルパス・ナヴィゴ・デクヴェるトゥ・エ・ルフォるフェ・スメーヌ・ドゥラ・ゾンアン・アドゥ

🎀 ＿＿＿駅までの行き方を教えてください。
Pouvez-vous m'indiquer comment aller à la station ＿＿＿ ?
プヴェヴ・マンディケ・コモン・アレ・アラ・スタシオン ＿＿＿ ♪

🎀 エトセトラ

Ticket／チケ：通常の切符。1枚1.7ユーロ。

Carnet／カルネ：10枚綴りの回数券は割安。13.3ユーロ。

Mobilis／モビリス：乗り放題の1日券。6.6ユーロ（ゾーン1-2）。

Navigo Découverte／ナヴィゴ・デクヴェるトゥ：改札にかざして通れるICカードで1週間（月-日）か1ヵ月の料金がチャージ可能。25x30mmの写真を持って窓口へ行き、券売機での購入方法を教えてもらいましょう。カード料金5ユーロ＋1週間（ゾーン1-2) 19.8ユーロ。

移動する　メトロ

□に1〜14の番線の数字を入れる

▸ □番線の[始発／終電]は何時ですか？（→数字はP184）

[Le dernier métro / Le premier métro] de la ligne □ part à quelle heure ?

[ル・デルニエ・メトゥロ／ル・プルミエ・メトゥロ]ドゥラ・リーニュ □ パー・アケルー ↗

▸ 切符が改札を通りません。

Le ticket ne marche pas.

ル チケ・ヌ・マルシュ・パ

インフォメーション窓口で

▸ メトロ路線図をください。

Un plan de métro, s'il vous plaît.

アン・プラン・ドゥ・メトゥロ・スィルヴプレ

▸ このメトロは □ 駅に停まりますか？

Ce métro s'arrête à la station □ ?

ス メトゥロ・サレットゥ・アラ・スタスィオン □ ↗

▸ この番線の終点は何駅ですか？

Quel est le terminus de cette ligne ?

ケル・テルミニュス・ドゥ・セットゥ・リーニュ ↗

▸ ここは何番線のホームですか？

C'est quelle ligne de métro ici ?

セ・ケル・リーニュ・ドゥ・メトゥロ・イスィ ↗

● 切符を見せてください。

Votre titre de transport, s'il vous plaît.

ヴォトゥル・ティトゥル・ドゥ・トゥランスポー・スィルヴプレ

▸ 切符をなくしてしまいました。

J'ai perdu mon ticket.

ジェ・ペルデュ・モン チケ

エトセトラ

切符はマグネットなど磁力のあるもののそばに置くと使えなくなることがあるので、窓口で新しい切符に交換してもらいます。

まれに駅の通路で駅員が検札「contrôle／コントゥロール」している場合があるので、切符を見せましょう。万が一、切符をなくしてしまった場合でも罰金「amende／アモンドゥ」を科せられるので要注意です。

メトロいろいろ

メトロ入口
Entrée du métro
オントれ・デュ・メトゥろ

この緑の鉄柱が最も一般的なメトロ入口の看板。古き良き時代のパリを思わせるデザイン。

メトロ入口
Entrée du métro
オントれ・デュ・メトゥろ

黄色いMのマークも目印。メトロの入口はパリの街になくてはならないシンボルのひとつ。

案内板
Plan de ligne
プラン・ドゥ・リーニュ

ホームに行く直前にある各番線の案内板。目的地の駅があるかちゃんと確認して。

ホームの掲示板
Panneau SIEL
パノー・エスイウエル

ホームの番線と終点駅が書かれ、次の電車が到着するまでの待ち時間が表示されます。

ハンドル
Loquet de porte
ロケ・ドゥ・ポるトゥ

自動運転の1、14番線を除いて、車両の扉はハンドルを引き上げて手動で開けます。

番線パネル
Panneau de correspondance
パノー・ドゥ・これスポンダンス

目当ての番線のある方向を示すパネル。乗り換えの際には駅構内の頭上や壁をチェックして。

出口
Sortie
ソるティ

ひとつの駅に複数の出口がある場合はそこに近い通りの名前も書かれています。

窓口
Guichet
ギシェ

メトロ路線図をもらったり乗り換えの質問をしたりするときは窓口へ。

自動券売機
Automate
オトマットゥ

切符購入はこれで。英語を選択できICチップ付きカードも利用可能。

切符
Ticket
チケ

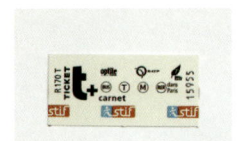

メトロ路線内で有効なメトロとバス共通切符。乗り換えは自由です。

メトロ路線図
Plan de métro
プラン・ドゥ・メトゥロ

窓口近くやホームにあり、どの番線でどの駅に行けるかが一目瞭然。

改札口
Portique de métro
ポルティック・ドゥ・メトゥロ

改札口のシステムは日本の自動改札と同じ。切符を取ると扉が開きます。

知っておくと便利な単語

ホーム：quai ケ
折り畳み式座席：strapontin ストゥらポンタン
エレベーター：escalator エスカラトー
エスカレーター：ascenseur アソンスー
乗り換え：correspondance コれスポンダンス
終点：terminus テるミニュス
反対ホーム：quai d'en face ケ・ドンファス
☐方面行き：en direction de ☐ オン・ディれクシオン・ドゥ ☐
ストライキ：grève グれーヴ
不審物：colis suspect コリ・シュスペ
人身事故：incident voyageur アンシドン・ヴォワヤジュー
工事で閉鎖：fermé pour travaux フェるメ・プー・トゥらヴォー

RER
エール・ウー・エール

RER（イル・ド・フランス地域圏急行鉄道網）はパリ市内とヴェルサイユ宮殿やシャルル・ド・ゴール空港、ディズニーランド・パリなどの郊外を結ぶ電車で、A〜Eの5路線あります。市内ではメトロより停車駅が少なく、駅間隔も長い急行の地下鉄として機能し、切符や回数券もメトロと共通です。市外ではゾーンごとに料金が異なります。

> RERの切符は窓口でも購入できる

- ☐ までの[片道／往復]切符を1枚ください。
  Un ticket [aller simple / aller retour] pour ☐ , s'il vous plaît.
  アン・チケ［アレ・サンプル／アレ・るトゥー］プー ☐ スィルヴプレ

- ☐ 駅は何ゾーンですか？
  Quelle est la zone de la gare de ☐ ?
  ケレ・ラ・ゾン・ドゥラ・ギャー・ドゥ ☐ ↗

- [A／B／C／D]線のホームはどこですか？
  Où est le quai de la ligne [A/B/C/D] ?
  ウエ・ルケ・ドゥラ・リーニュ［ア／ベ／セ／デ］↗

- この電車は ☐ に行きますか？
  Ce train va à ☐ ?
  ストゥラン・ヴァ・ア ☐ ↗

🎀 エトセトラ

メトロの駅は「station／スタシオン」、RERや国鉄駅は「gare／ギャー」と呼びます。

RERの場合、電車から降りて駅から出る際の改札でも切符を通す必要がありますので、なくさないよう注意しましょう。

パリ：**Paris** パリ

ヴェルサイユ・リヴ・ゴーシュ駅：**la gare de Versailles Rive Gauche**
アラ・ギャー・ドゥ・ヴェるサイユ・リヴ・ゴーシュ

シャルル・ド・ゴール空港：**l'aéroport Charles de Gaulle**
ラエろポー・シャるル・ドゥゴール

ディズニーランド・パリ：**Disneyland Paris** ディズネランドゥ・パリ

> 言いづらいときは「Roissy」(ろワッシー)でもOK

移動する　エール・ウー・エール

駅名と最寄りの
スポットをご紹介

RERを利用して行ける主なスポット

〈A線〉
- La Défense　ラ・デフォンス　→ラ・デファンス
- Charles-de-Gaulle-Etoile　シャルルドゥゴル・エトワル　→凱旋門
- Auber　オベー　→デパート街／オペラ座
- Châtelet-Les Halles　シャトゥレ・レアール　→ポンピドゥー・センター
- Gare de Lyon　ギャー・ドゥ・リヨン　→リヨン駅
- Vincennes　ヴァンセンヌ　→ヴァンセンヌ城／ヴァンセンヌの森
- Marne-la-Vallée-Chessy　マルヌ・ラヴァレ・シェスィ　→ディズニーランド・パリ

〈B線〉
- Aéroport Charles de Gaulle 1,2　アエろポー・シャルルドゥゴル・アン／ドゥ
  →シャルル・ド・ゴール空港
- Gare du Nord　ギャー・デュノー　→北駅
- Châtelet-Les Halles　シャトゥレ・レアール　→ポンピドゥー・センター
- St-Michel-Notre-Dame　サン・ミシェル・ノートゥる・ダム　→ノートルダム寺院／シテ島
- Luxembourg　リュクソンブー　→リュクサンブール公園

〈C線〉
- Versailles Rive Gauche　ヴェるサイユ・リヴ・ゴーシュ　→ヴェルサイユ宮殿
- Champs de Mars-Tour Eiffel　シャン・ドゥ・マるス・トゥー・エフェル
  →エッフェル塔／シャン・ド・マルス
- Pont de l'Alma　ポン・ドゥ・ラルマ　→アルマ橋／バトームッシュ乗り場
- Invalides　アンヴァリッドゥ　→アンヴァリッド
- Musée d'Orsay　ミュゼ・ドるセ　→オルセー美術館
- St-Michel-Notre-Dame　サン・ミシェル・ノートゥる・ダム
  →ノートルダム寺院／シテ島
- Gare d'Austerlitz　ギャー・ドステるリッツ　→オーステルリッツ駅

エトセトラ

RERには、各駅停車と一部の駅にしか停車しない快速電車とがあります。ホーム上部に終点までの全駅名表示があり、それを見れば次に来る電車がこれから停まる駅がわかる仕組みになっています。行き先だけでなく停車駅も確認してから乗車しましょう。

Taxi
タクシー

初乗り運賃が250円前後で比較的気軽に使えるパリのタクシー。日中のパリ市内移動がいちばん安く、夕方・夜間・早朝や日曜祝日、また空港などの郊外に行く場合はより高い料金が適用されます。走行中のタクシーを路上でつかまえられることは珍しいので、「TAXIS」のパネルが目印のタクシー乗り場に行きましょう。

■ □□ までお願いします。
□□ , s'il vous plaît.
□□ スィルヴプレ

> 書いた住所を見せると確実

- シャルル・ド・ゴール空港：**Aéroport Charles de Gaulle** アエロポー・シャルル・ドゥゴール
- オルリー空港：**Aéroport d'Orly** アエロポー・ドルリ
- このホテル：**Cet hôtel** セットテル
- この住所：**Cette adresse** セッタドレス
- 凱旋門：**L'Arc de Triomphe** ラルク・ドゥ・トゥリオンフ
- →そのほかの観光スポットはP149

■ クレジットカードは使えますか？
Vous acceptez les cartes de crédit ?
ヴザクセプテ・レ・かルトゥ・ドゥ・クレディ

■ おつりはけっこうです。
Gardez la monnaie.
ガるデ・ラモネ

エトセトラ

チップは義務ではありませんが、2〜3ユーロほど多めに渡したり、おつりをもらわない人が多いようです。スーツケースは2個目から1ユーロの追加料金がかかります。

移動する　タクシー

▶▶▶ [右／左]に曲がってください。
Tournez [à droite / à gauche]
トゥるネ［アドゥろワットゥ／アゴーシュ］

▶▶▶ まっすぐ行ってください。
Continuez tout droit.
コンティニュエ・トゥ・ドゥろワ

▶▶▶ ここで降ります。
Je descends ici.
ジュ・デソン・イスィ

▶▶▶ 停めてください。
Pouvez-vous vous arrêter là ?
プヴェヴ・ヴザれテ・ラ↗

▶▶▶ ☐☐ 時の[飛行機／電車]に乗るので、急いでいただけますか？（→数字はP184）
Pouvez-vous vous dépêcher pour attraper [l'avion / le train] de ☐☐ heures ?
プヴェヴ・ヴデペシェ・プー・アトゥらペ
［ラヴィオン／ルトゥらン］ドゥ ☐☐ ウー↗

▶▶▶ これが本当に近道ですか？
C'est vraiment le chemin le plus court ?
セ・ヴれモン・ルシュマン・ルプリュクー↗

（手持ちの現金が足りないとき）
▶▶▶ 最寄りのATMの前で停めてもらえますか？
Pouvez-vous vous arrêter au distributeur le plus proche ?
プヴェヴ・ヴザれテ・オ・ディストゥりビュトゥー・
ルプリュ・プろッシュ↗

▶▶▶ メーターに表示されている金額が多すぎるように思うのですが……。
J'ai l'impression que le montant affiché est trop élevé par rapport à la distance.
ジェ・ランプれッシオンク・ルモンタン・アフィシェ・
エトゥろペルヴェ・パーろアラ・ディスタンス

時間稼ぎをされている気がしたら

🎀 エトセトラ

ドアは自動ではないので注意。自分でドアを開けて乗り降りしましょう。乗車は基本的には3人まで。

車の上の「TAXI PARISIEN」というランプが点灯していたり、緑色に点いていたりすれば「空車」（写真左）、ランプが消えていたり、赤のランプが点いている場合は「乗車中」（写真右）。

タクシー乗り場は、キオスクで買えるパリの地図で確認できます。

Bus
バス

パリ市内のバスはメトロと同じRATP（パリ交通公団）が運営しており、共通の切符や回数券が使用できます。バスの路線はメトロのネットワークの網の目を埋める役割を果たしており、メトロでは乗り換え数回のところをバスでは直通で行けるケースもあります。ただし、朝夕は渋滞に巻き込まれ、遅延が多くなるのが欠点です。

- 切符を1枚ください。
  Un ticket, s'il vous plaît.
  アン・チケ・スィルヴプレ

  > バス車内でカルネは買えないので注意

- このバスは □ まで行きますか？
  Ce bus va à □ ?
  スビュス・ヴァ・ア □ ↗

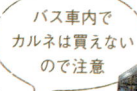

- ここで降ります。
  Je descends ici.
  ジュ・デソン・イスィ

- ドアを開けてください。
  La porte, s'il vous plaît.
  ラ・ポルトゥ・スィルヴプレ

  > 運転手がうっかりドアを開け忘れたり、早く閉めてしまったりしたら

- 降りますか？
  Vous descendez ?
  ヴ・デソンデ↗

  > 自分が降りたいのに混雑で進めないため、前の人に降りるかどうか聞きたいとき

🎀 エトセトラ

パリ市内には約60の路線があり、昼間は5〜15分感覚で運行しています。

停留所では路線番号（写真上）と路線図（写真下）をよく確認しましょう。

> 近くの人に

- ▱▱▱ に着いたら教えてもらえますか？

    Pouvez-vous me dire quand on arrive à ▱▱▱ ?

    ブヴェヴ・ムディー・カントン・ナリーヴ・ア ▱▱▱ ↗

- この席に座っても良いですか？

    Est-ce que je peux m'asseoir ici ?

    エスクジュプ・マスワー・イスィ ↗

> 混んでいて停車ボタンが押せないときに

- 停車ボタンを押していただけますか？

    Pouvez-vous appuyer sur le bouton de demande d'arrêt ?

    ブヴェヴ・アピュイエ・スュー・ル・ブトン・ドゥ・ドゥマンドゥ・ダれ ↗

- お座りになりますか？

    Vous voulez vous asseoir ?

    ヴウレ・ヴザソワー ↗

> 席を譲るとき

- ご親切にありがとうございます。

    Merci, c'est très gentil à vous.

    メるスィ・セ・トゥれ・ジョンティ・アヴ

> 席を譲られたとき

- ありがとうございます、けっこうです。

    Non, merci.

    ノン・メるスィ

❀ エトセトラ

車内のいたるところにある停車ボタンを押すと、前方のランプ（arrêt demandé／あれ・ドゥマンデ）が点灯します。

En promenade
街歩き

オスマン様式建築や中世から残る古びた建物、歴史を感じるモニュメント、香ばしいパンの匂いが漂うブランジュリー、おしゃれなパリジェンヌが座るカフェテラスを眺めながら歩いたら、メトロ2〜3駅分くらいは余裕です。徒歩こそパリを堪能するための最善の移動手段。歩きやすい靴を選んで、街歩きを楽しみましょう。

この近くに ☐ はありますか？
Est-ce qu'il y a ☐ près d'ici ? エスキリヤ ☐ プレ・ディスィ

トイレ
des toilettes
デ・トワレットゥ

郵便局
un bureau de Poste
アン・ビュロ・ドゥ・ポストゥ

薬局
une pharmacie
ユヌ・ファるマスィ

メトロ駅
une station de métro
ユヌ・スタスィオン・ドゥ・メトゥろ

ATM
un distributeur de billets
アン・ディストゥりビュトゥー・ドゥビエ

両替所
un bureau de change
アン・ビュロ・ドゥ・シャンジュ

移動する　街歩き

デパート：**un grand magasin** アン・グランマガザン
スーパー：**un supermarché** アン・スュぺるマルシェ
郵便ポスト：**une boîte aux lettres** ユヌ・ボワットゥ・オレットゥる
カフェ：**un café** アン・カフェ

▶ ［最寄りのメトロ駅／最寄りのバス停］はどこにありますか？
Où est [la station de métro la plus proche / l'arrêt de bus le plus proche] ?
ウエ［ラスタシオン・ドゥ・メトゥろ・ラプリュ・プろッシュ／ラれ・ドゥ・ビュス・ルプリュ・プろッシュ］♪

▶ ☐ までの行き方を教えてください。
Pouvez-vous m'indiquer comment aller à ☐ .
プヴェヴ・マンディケ・コモン・アレア ☐ ♪

▶ そこまで歩いてどのくらいかかりますか？
Ça prend combien de temps à pied ?
サプろン・コンビアン・ドゥトン・アピエ♪

エトセトラ

道に迷ったらまずは通り名を確認。どんなに小さな通りでも、道のはじめと終わりの建物にその通り名を記したプレートが貼ってあります。

「Bonjour Monsieur/Madame」（ボンジュー ムッスュー／マダム）とあいさつしてから

知っておくと便利な単語

通り：**rue** リュ
右に曲がる：**tourner à droite** トゥるネ・アドゥろワットゥ
左に曲がる：**tourner à gauche** トゥるネ・アゴーシュ
まっすぐ行く：**aller tout droit** アレ・トゥドゥろワ
角：**angle** アングル
信号：**feu** フ
横断歩道：**passage piéton** パッサージュ・ピエトン

Problèmes 3

移動する にまつわるトラブル

パリでメトロやバスなどを利用すると、何かと細かいトラブルが多く、スムーズに事が運ぶ日本と比べてついイライラしたり不安になったりすることも。そんなときこそこのページのフレーズを使って、できるだけ状況を把握しましょう。

メトロ・RER・バスで

切符は磁気のあるものの近くに置いておくと使えなくなることがある

▸ 切符が改札を通りません。
Le ticket ne marche pas.
ルチケ・ヌ・マルシュ・パ

改札口脇にはドアがあり、窓口に頼むと開けてくれる

▸ スーツケースが大きくて改札を通れないのですが……。
Je ne peux pas passer le portique avec ma valise.
ジュヌプパ・パッセ・ルポるティック・アヴェック・マヴァリーズ

検札のときに切符を見せられないと、理由にかかわらず罰金を取られる可能性がある

▸ 切符をなくしてしまいました。
J'ai perdu mon ticket.
ジェ・ペるデュ・モンチケ

自分の乗っているメトロや電車が止まって動かないとき

▸ どうして動かないかご存じですか？
Vous savez pourquoi [le métro / le train] s'est arrêté ?
ヴサヴェ・プるクワ [ルメトゥろ／ルトゥらン] セタれテ↗

駅や車内のアナウンスがよく聞こえないとき

▸ アナウンスで何と言っているのか教えてください。
Pouvez-vous me dire ce que le chauffeur a dit ?
プヴェヴ・ムディー・スク・ルショフー・アディ↗

答えの例

● 人身事故があったそうです。
Il y a un incident voyageur.
イリヤ・アンナンスィドン・ヴォワヤジュー

● 不審物が発見されたそうです。
Il y a un colis suspect.
イリヤ・アン・コリ・スュスペ

何分待っても次のメトロや電車が来ないとき

▶ どうして次の[メトロ／電車]が来ないかご存じですか？
Vous savez pourquoi le prochain [métro / train] n'arrive pas ?
ヴサヴェ・プルクワ・ルプロシャン [メトゥロ／トゥラン] ナリヴパ↗

急にみんなが降りて別のメトロや電車に乗り換えているとき・バスで、途中で降ろされてしまったとき

▶ どうしてここで降りないといけないのですか？
Pourquoi on doit descendre ici ?
プルクワ・オン・ドワ・デソンドゥル・イスィ↗

ストライキ「grève／グレーヴ」のようだが詳細がわからないとき

▶ 今日はストライキのようですね。どの線が動いているかご存じですか？
J'ai entendu que c'est la grève aujourd'hui.
Vous savez quelles lignes fonctionnent ?
ジェ・オントンデュク・セラ・グレーヴ・オジュルデュイ
ヴサヴェ・ケルリーニュ・フォンクショヌ↗

気分が悪いとき

▶ 気分が悪いです。席を譲っていただけませんか？
Excusez-moi. Je me sens mal. Est-ce que je peux m'asseoir ?
エクスキュゼ・モワ　ジュムソン・マル　エスク・ジュプ・マスワー↗

街歩きで

道に迷ったとき

▶ 道に迷ってしまいました。ここはどこですか？
Je suis perdu. Où sommes-nous ?
ジュ・スュイ・ぺるデュ　ウソムヌ⤴

▶ （住所などを見せて）［このホテル／この通り］に行きたいのですが、たどりつけません。
Je n'arrive pas à trouver［cet hôtel / cette rue］.
ジュ・ナリヴパ・アトゥるヴェ［セットテル／セットゥリュ］

プレートの見方

通りの角にある建物の上のほうに、通り名が書かれたプレートがついています。いちばん上は区の番号、真ん中に通りの名前です。著名人の名前の場合は、下に、その人物の職業や功績がつけ加えられていることがあります。

Infos utiles 6

パリの通り名&ストライキ対処法

パリの通り名

パリの街を歩くときは、空港や街のキオスクや書店で見つかる手帳形のパリの地図「plan de Paris／プラン・ドゥ・パリ」をぜひ購入しましょう。パリのすべての通り「rue／リュ」には名前がついており、地図には通り名で引ける索引があるので、目的地の住所さえわかっていれば必ずたどりつけるというわけです。番地は道の両側が偶数と奇数に分かれており、セーヌ川と交わる方向の通りの場合は、セーヌ川に近い方から1番地、3番地……と増えていきます。

通り名にも特徴があり、中世から同じ名前を受け継いできた通りや、聖人や著名人の名前がついた通り、はたまた「魚を釣る猫」「オオカミの穴」「キツネ」「4つの風」「小さいパパたち」などまるで絵本のタイトルのように不思議なものまでさまざま。辞書を片手に通り名を眺めて歩くのもおもしろいですね。ちなみに、パリ日本文化会館前は「京都広場：Place de Kyoto」、現代美術館のパレ・ド・トーキョー前は「東京広場：Place de Tokyo」と名づけられており、20区には「日本通り：Rue du Japon」もあります。

パリのストライキ

パリではメトロ、バス、RERのストライキが年に数回、しっかり数日間、悪いときは1ヵ月近くも続くことがあります。旅行者にとっても主となる移動手段であるメトロが混乱するのはとても不便ではありますが、これも旅の醍醐味と割り切って臨機応変に対応しましょう。

ストライキ中の運行状況はRATP（パリ交通公団）のホームページのほか、各駅改札に設置してあるテレビ画面でも確認できますし、ホテルのフロントスタッフに確認してみるのも良いでしょう。メトロやバスが完全に止まることはほとんどなく、たいてい通常の1/2や1/3の運行数になります。影響の大小は路線ごとに異なり、たとえば1番線と14番線は無人の自動運転なので通常どおりの運行です。

ストライキ中は運行している数少ないメトロやバスに人が殺到して非常に混雑するうえ、時間も通常の2倍3倍かかるので、運悪く旅行中に遭遇してしまったときは、可能な限り徒歩でできる観光やショッピングに切り替えることをおすすめします。パリ市のレンタサイクルサービス、Velib（ヴェリブ）も便利ですが、通勤のパリジャンたちに独占されている可能性も高いかもしれません。

{ 泊まる }

Dormir

個人経営のこぢんまりとしたプチホテルの多いパリ。大型のホテルチェーンに比べて、アットホームな雰囲気が魅力ですが、その分、最新の設備が整っていなかったり、足りないものがあったりすることも度々あります。何か困ったら遠慮せずにフロントスタッフにいろいろ相談してみましょう。そんなスタッフとの交流もパリの素敵な思い出のひとつになるでしょう。

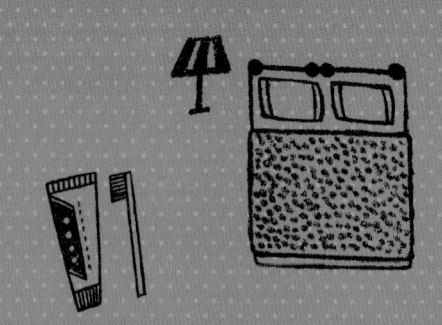

パリのホテルで快適に過ごすための6のヒント

1. スタッフにあいさつを

滞在中、毎日顔を合わせるホテルスタッフ。フロントや廊下ですれちがったら、笑顔であいさつをしましょう。

2. コンファメーション用紙

インターネットやメールで予約した際に受け取るコンファメーション用紙「Confirmation／コンフィルマシオン」を必ず持参しましょう。予約で問題があったときは、証明として必ずそれを提示して。

3. スリッパは日本から持参

客室に戻ったら、いち早く靴を脱いでゆっくりくつろぎたい……。なのに、フランスのホテルにはスリッパが常備されていない！ パリでは簡単に見つからないので、日本から忘れずに持参しましょう。

4. お湯や小物が欲しいとき

湯わかしポットを常備しているホテルはほとんどありません。熱湯が欲しいときはフロントスタッフに依頼すればOK。はさみやナイフ・フォーク、コップ、栓抜きなど、日本からは持参しづらいちょっとした小物も貸してもらいましょう。

5. 盗難に注意

客室での盗難には気をつけて。パスポートや財布だけでなく、アクセサリー類も机の上に出しっ放しは危険。ほんの10分部屋を離れるだけでも貴重品は金庫に入れるか、身につけて。

6. チップ

3ツ星ランク以下のホテルであれば、基本的にチップは不要。特別にスーツケースを運んでもらったり、客室係に感謝の気持ちを伝えたりしたい場合は、1ユーロが相場でしょう。

泊まる の基本6フレーズ

滞在中に何かと会話をする機会の多いホテル。観光のアドバイスや急に必要になったものを借りるときに便利なフレーズを覚えましょう。

1

☐の名前で予約しました。

J'ai réservé au nom de ☐.

ジェ・れゼルヴェ・オノン・ドゥ ☐

予約は基本的に「名前」がキーワード。日本人の名前はわかりづらいので、一文字ずつ綴ったり、書いたりすると確実です。姓名の順序や発音しないH（は、ひ、へ、ほ）が頭につく名前も注意。(→アルファベットはP182)

2

☐を貸してください。

Pouvez-vous me prêter ☐ ?

プヴェブ・ム・プれテ ☐ ↗

超高級ホテルは別として、一般的に、日本の同レベルのホテルと比較すると、パリのホテルはアメニティグッズや設備の充実度が低め。でも、たとえお部屋の中になくても、実はフロントに頼めば貸してくれるものも案外あるのです。

3

有料ですか？

C'est payant ?

セ・ペイヤン↗

ラウンジにあるインターネットスペースの利用やコピーやベビーベッドを頼んだときなど、滞在中は「これは有料？ 無料？」と疑問に思う機会がいろいろあります。会計のときにびっくりすることのないよう、その都度確認しておくと安心ですね。

④

お湯をもらえますか？

Pouvez-vous me donner de l'eau chaude ?
プヴェヴ・ムドネ・ドゥロ・ショードゥ↗

湯わかしポットの用意がないホテルがまだまだ多いパリ。でもやっぱり夜、お部屋で持参したおみそ汁やスーパーで買ったお茶をゆっくり飲んで温まりたいときってありますね。そんなときは、お湯をもらえるかどうか聞いてみましょう。

⑤

☐ が動きません。

☐ ne marche pas.
☐ ヌ・マるシュ・パ

エアコンや暖房、テレビ、冷蔵庫……、とにかく何でも「使えない」と思ったら、まずはこのフレーズを使ってスタッフに訴えてみましょう。日本と微妙に使い方がちがうせいだった、なんてことも案外多いかもしれません。

⑥

☐ までの行き方を教えてください。

Pouvez-vous m'indiquer comment aller à ☐ ?
プヴェヴ・マンディケ・コモン・アレア ☐ ↗

コンシェルジュがいない小さなホテルでは、フロントスタッフが宿泊客の旅のサポート担当。メトロで凱旋門に行くには？ とか、エッフェル塔までは歩いて行けるかな、とか、悩む前にまずは相談してみるのがいちばんです。

チェックイン

▶ [佐藤]の名前で ☐ ルームを1室予約しました。
J'ai réservé ☐ au nom de [Sato].
ジェ・れぜるヴェ・オノン・ドゥ[サトー]

> シングル★1：**une chambre simple** ユヌ・シャンブる・サンプる
> ダブル：**une chambre double** ユヌ・シャンブる・ドゥブル
> ツイン：**une chambre twin** ユヌ・シャンブる・トゥイン
> トリプル：**une chambre triple** ユヌ・シャンブる・トゥリプル
> 4人部屋：**une chambre quadruple** ユヌ・シャンブる・クアドゥリュブル
> アパートメントタイプ：**un appartement** アンナパるトゥモン
> ジュニアスイート：**une suite junior** ユヌ・スイットゥ・ジュニオー
> スイート：**une suite** ユヌ・スイットゥ

★1「une chambre single／ユヌ・シャンブる・スィングル」でも通じる。

▶ [3泊]します。（→数字はP184）
C'est pour [trois nuits].
セ・プー[トゥロワ・ニュイ]

▶ スーツケースだけ預かってもらえますか？
Pouvez-vous garder ma valise ?
プヴェヴ・ガるデ・マ・ヴァリーズ↗

▶ ベビーベッドを貸してください。有料ですか？
Pouvez-vous me prêter un lit bébé ? C'est payant ?
プヴェヴ・ム・プれテ・アン・リベベ　セ・ペイヤン↗

▶ [赤ちゃん／子ども]に追加ベッドは必要ありません。
Je n'ai pas besoin de lit supplémentaire pour [mon bébé / mon enfant].
ジュネパ・ブズワン・ドゥリ・スュプレモンテー・プー[モン・ベベ／モンノンファン]

▶ 私の部屋は何階ですか？（→数字はP184）
Ma chambre est à quel étage ? マ・シャンブる・エタ・ケレタージュ↗

🎀 エトセトラ

ネットやメールで予約した際のコンファメーション用紙を提示すれば、チェックインのときの心配がぐっと減ります。

折りたたみ式のベビーベッドを無料で貸し出すホテルが多いですが事前に予約しましょう。

泊まる　ホテル

エトセトラ

3ツ星クラスまでは自分で荷物を運ぶのが一般的です。

- スーツケースを部屋まで運んでいただけますか？
  Pouvez-vous monter ma valise jusqu'à la chambre ?
  ブヴェヴ・モンテ・マ・ヴァリーズ・ジュスカラ・シャンブる♪

- 大人の朝食料金はおいくらですか？
  Quel est le tarif du petit-déjeuner pour un adulte ?
  ケレ・ル・タリフ・デュ・プチデジュネ・プー・アンナデュルトゥ♪

- 子どもの朝食料金はおいくらですか？
  Quel est le tarif du petit-déjeuner pour un enfant ?
  ケレ・ル・タリフ・デュ・プチデジュネ・プー・アンノンファン♪

- 朝食は何時から何時までですか？
  Quels sont les horaires du petit-déjeuner ?
  ケルソン・レゾれー・デュ・プチデジュネ♪

- 朝食はコンチネンタルですか、ビュッフェですか？
  C'est un petit-déjeuner continental ou buffet ?
  セタン・プチデジュネ・コンチノンタル・ウ・ビュッフェ♪

- 朝食を部屋に運んでください。
  Pouvez-vous m'apporter le petit-déjeuner à la chambre ?
  ブヴェヴ・マポるテ・ル・プチデジュネ・アラ・シャンブる♪

- チェックアウト時間は何時ですか？
  Quelle est l'heure de check-out ?
  ケレ・ルー・ドゥ・チェックアウト♪

- フロントは24時間オープンしていますか？
  La réception est ouverte 24h/24 ?
  ラ・れセプシオン・エトゥヴェるトゥ・ヴァンキャトルー・スュー・ヴァンキャトゥ♪

滞在中：外出

- このレストランを予約してください。(→予約フォームは P188)

    Pouvez-vous réserver dans ce restaurant, s'il vous plaît.
    プヴェヴ・れぜるヴェ・ダン・ス・れストラン・スィルヴプレ

- ［今すぐ／今日の ▭ 時に／明日の ▭ 時］にタクシーを呼んでください。

    Pouvez-vous m'appeler un taxi pour [maintenant / aujourd'hui à ▭ heures / demain à ▭ heures] ?
    プヴェヴ・マプレ・アン・タクスィ・プー［マントゥナン／オジョるデュイ・ア ▭ ウー／ドゥマン・ア ▭ ウー］↗ (→数字は P184)

- この近くに ▭ はありますか？

    Est-ce qu'il y a ▭ près d'ici ?
    エスキリヤ ▭ プれディスィ↗

    間違いのないよう時間は24時間表記で

    > スーパー：**un supermarché** アン・スュペるマるシェ
    > 郵便局：**un bureau de Poste** アン・ビュろ・ドゥ・ポストゥ
    > 郵便ポスト：**une boîte aux lettres** ユヌ・ボワットゥ・オ・レットゥる
    > 薬局：**une pharmacie** ユヌ・ファるマスィ
    > ATM：**un distributeur de billets** アン・ディストゥりビュトゥー・ドゥ・ビエ

- ホテルの近くでおすすめの ▭ を教えてください。

    Pouvez-vous me recommander ▭ près d'ici ?
    プヴェヴ・ム・るコマンデ ▭ プれディスィ↗

    > フレンチレストラン：**un restaurant français** アン・れストラン・フらンセ
    > イタリアンレストラン：**un restaurant italien** アン・れストラン・イタリアン
    > インドレストラン：**un restaurant indien** アン・れストラン・アンディアン
    > 中華レストラン：**un restaurant chinois** アン・れストラン・シノワ
    > 日本料理店：**un restaurant japonais** アン・れストラン・ジャポネ
    > モロッコ料理店：**un restaurant marocain** アン・れストラン・マろカン
    > パン屋さん：**une boulangerie** ユヌ・ブランジュリー
    > お惣菜屋さん：**un traiteur** アン・トれトゥー

泊まる　ホテル

- ◼︎ □ への行き方を教えてください。

  Pouvez-vous m'indiquer comment aller à □ ?
  プヴェヴ・マンディケ・コモン・アレア □ ↗

- ◼︎ 紙に書いていただけますか？

  Pouvez-vous me l'écrire sur un papier ?
  プヴェヴ・ム・レクリー・スュー・アン・パピエ↗

滞在中：ホテル内

- ◼︎ □ を貸してください。

  Pouvez-vous me prêter □ ?
  プヴェヴ・ム・プれテ □ ↗

- ◼︎ □ はありますか？

  Avez-vous □ ?
  アヴェヴ □ ↗

歯ブラシ&歯みがき粉：**une brosse à dents et du dentifrice**
ユヌ・ブロス・アドン・エ・デュ・ドンティフリス

シャンプー：**du shampooing** デュ・シャンポワン

リンス：**de l'après-shampooing** ドゥ・ラプれシャンポワン

ひげ剃りセット：**un kit de rasage** アン・キットゥ・ドゥ・らザージュ

タオル：**une serviette** ユヌ・セるヴィエットゥ

スリッパ：**des pantoufles** デ・パントゥフル

バスローブ：**un peignoir** アン・ペニョワー

裁縫セット：**un kit de couture** アン・キットゥ・ドゥ・クチュー

フォーク：**une fourchette** ユヌ・フるシェットゥ　　ナイフ：**un couteau** アン・クトー

スプーン：**une cuillère** ユヌ・キュイエー　　　皿：**une assiette** ユヌ・アスィエットゥ

コップ：**un verre** アン・ヴェー　　　　　　　カップ：**une tasse** ユヌ・タス

栓抜き：**un ouvre-bouteille** アン・ヌーヴるブテイユ

ワインオープナー：**un tire-bouchon** アン・ティーブション

湯わかしポット：**une bouilloire** ユヌ・ブイヨワー

はさみ：**des ciseaux** デ・シゾー

絆創膏：**un pansement** アン・パンスモン

▶ ☐ が動きません。

☐ ne marche pas.

☐ ヌ・マルシュ・パ

▶ ☐ の使い方を教えてください。

Pouvez-vous m'indiquer comment utiliser ☐ ?

プヴェヴ・マンディケ・コモン・ユティリゼ ☐ ↗

エアコン：**la climatisation** ラ・クリマティザシオン
暖房：**le chauffage** ル・ショファージュ
テレビ：**la télé** ラ・テレ
冷蔵庫：**le frigo** ル・フリゴ
金庫：**le coffre-fort** ル・コッフるフォー

> エアコンは「clim／クリム」と略すことが多い

▶ 部屋が［寒いです／暑いです］。

J'ai [froid / chaud] dans ma chambre.

ジェ［フロワ／ショ］ダン・マシャンブる

▶ ランプが切れています。

L'ampoule est grillée.

ランプル・エ・グリエ

▶ これを電子レンジで温めてください。

Pouvez-vous réchauffer ça au micro-ondes ?

プヴェヴ・れショフェサ・オミクロオンドゥ ↗

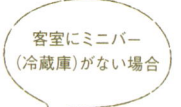

▶ これを冷蔵庫で保管していただけますか？

Pouvez-vous conserver ça dans un frigo ?

プヴェヴ・コンセるヴェサ・ダンザン・フリゴ ↗

> 客室にミニバー（冷蔵庫）がない場合

▶ お茶を飲みたいので熱いお湯をください。

Pouvez-vous me donner de l'eau chaude pour faire du thé ?

プヴェヴ・ムドネ・ドゥロショードゥ・プー・フェー・デュテ ↗

▶ 氷をください。

Pouvez-vous me donner des glaçons ?

プヴェヴ・ムドネ・デ・グラソン ↗

❀ エトセトラ

エアコンがないホテルもまだ多く、その場合は暖房のみです。

湯わかしポットが備えつけてあるホテルは多くありませんが頼めばお湯はもらえます。

- 掃除をし直していただけますか？

    Pouvez-vous nettoyer de nouveau la chambre ?
    プヴェヴ・ネットワイエ・ドゥヌーヴォー・ラシャンブる↗

- この洋服のクリーニングをお願いします。

    Pouvez-vous mettre ce vêtement au pressing ?
    プヴェヴ・メットゥる・スヴェトゥモン・オ・プれッスィング↗

滞在中：浴室

- お湯が出ません。

    Je n'ai pas d'eau chaude.
    ジュネパ・ド・ショードゥ

- お湯がぬるいです。

    L'eau n'est pas assez chaude.
    ロ・ネパザッセ・ショードゥ

- 水が出ません。

    Je n'ai pas d'eau au robinet.
    ジュネパ・ド・オ・ろビネ

- トイレがつまっています。

    Les toilettes sont bouchées.
    レ・トワレットゥ・ソン・ブシェ

- トイレの水が流れません。

    La chasse d'eau ne marche pas.
    ラ・シャス・ド・ヌ・マるシュ・パ

- ドライヤーが壊れています。

    Le sèche-cheveux est en panne.
    ル・セッシュシュヴ・エトンパンヌ

- トイレットペーパーをください。

    Pouvez-vous me donner du papier toilettes ?
    プヴェヴ・ムドネ・デュパピエ・トワレットゥ↗

滞在中：インターネット・電話・ビジネス

- 日本への電話のかけ方を教えてください。
  Pouvez-vous m'indiquer comment téléphoner au Japon ?
  プヴェヴ・マンディケ・コモン・テレフォネ・オジャポン♪

- 日本への電話料金はいくらですか？
  Quel est le tarif d'une communication téléphonique vers le Japon ?
  ケレ・ル・タリフ・デュヌ・コミュニカシオン・テレフォニック・ヴェー・ルジャポン♪

- 部屋でインターネットは使えますか？
  Je peux utiliser l'internet dans la chambre ?
  ジュプ・ユティリゼ・ランテるネットゥ・ダンラ・シャンブる♪

  > Wi-Fiは「ウィフィ」と発音

- Wi-Fi の接続方法を教えてください。
  Pouvez-vous m'indiquer comment me connecter au Wi-Fi ?
  プヴェヴ・マンディケ・コモン・ムコネクテ・オウィフィ♪

- 共有のコンピューターはありますか？
  Avez-vous un ordinateur à la disposition des clients ?
  アヴェヴ・アン・ノるディナトゥー・アラ・ディスポズィシオン・デクリオン♪

- これを [1枚] コピーしてください。(→数字は P184)
  Pouvez-vous me faire [une] photocopie ?
  プヴェヴ・ムフェー [ユヌ] フォトコピ♪

- [有料／無料] ですか？
  C'est [payant / gratuit] ?
  セ [ペイヤン／グらチュイ] ♪

チェックアウト

- チェックアウトをお願いします。キーをお返しします。
  Check-out, s'il vous plaît. Voici la clef de la chambre.
  チェックアウト・スィルヴプレ　ヴォワスィ・ラ・クレ・ドゥラ・シャンブる

- ☐ 時までスーツケースを預かってもらえますか？(→数字は P184)
  Pouvez-vous garder ma valise jusqu'à ☐ heures ?
  プヴェヴ・ガるデ・マヴァリーズ・ジュスカ ☐ ウー♪

泊まる　ホテル

> ほかの街の名前に変えて使いまわせる

[モン・サン・ミッシェル] に [1泊] した後、このホテルに戻ってきますので、スーツケースを置いていって良いですか？

Je reviens séjourner dans votre hôtel après [une nuit] [au Mont-St-Michel]. Pouvez-vous garder ma valise ?

ジュ・ルヴィオン・セジュるネ・ダン・ヴォトゥる・オテル・アプれ [ユヌ・ニュイ] [オモンサンミシェル]　プウェヴ・がルデ・マヴァリーズ↗

知っておくと便利な単語

ソファベッド：**canapé-lit** カナペリ

ミニバー：**mini-bar** ミニバー

雨戸：**volets** ヴォレ

浴室：**salle de bain** サルドゥバン

　　タオル：**serviette** セるヴィエットゥ　　　石けん：**savon** サヴォン

　　バスマット：**tapis de bain** タピドゥバン　　ボディソープ：**gel douche** ジェルドゥシュ

トイレ：**toilettes** トワレットゥ

　　トイレットペーパー：**papier toilettes** パピエ・トワレットゥ

バルコニー：**balcon** バルコン

エレベーター：**ascenseur** アソンスー

廊下：**couloir** クロワー

非常口：**sortie de secours** ソるティ・ドゥ・スクー

171

客室にあるもの

泊まる　ホテル

❶ 客室
chambre シャンブる

❷ 窓
fenêtre フネットゥる

❸ テーブル
table ターブル

❹ カーテン
rideaux リドー

❺ ソファ
canapé カナペ

❻ 照明
lampe ランプ

❼ エアコン
climatisation クリマティザシオン

❽ ベッド
lit リ

❾ シーツ
drap ドゥら

❿ 毛布
couverture クヴェるチュー

⓫ 掛け布団
couette クエットゥ

⓬ 枕
oreiller オれイエ

⓭ 浴室
salle de bain サルドゥバン

⓮ ヘアドライヤー
sèche-cheveux セッシュシュヴ

⓯ 蛇口
robinet ろビネ

⓰ 便器
cuvette キュヴェットゥ

⓱ シャワー
douche ドゥシュ

⓲ バスタブ
baignoire ベニョワー

⓳ 電話
téléphone テレフォン

⓴ テレビ
télé テレ

㉑ クローゼット
penderie ポンドゥリ

㉒ 冷蔵庫
frigo/réfrigérateur フリゴ／れフリジェらトゥー

㉓ 金庫
coffre-fort コッフるフォー

㉔ ライティングデスク
bureau ビュろ

㉕ 椅子
chaise シェーズ

㉖ ドア
porte ポるトゥ

㉗ ルームキー
clef de la chambre クレ・ドゥラ・シャンブる

Problèmes 4

泊まる にまつわるトラブル

ホテルは、パリ滞在中に最もコミュニケーションを取る必要がある場所。タオルが足りないといった小さなトラブルから予約や盗難にまつわる大きなトラブルまで、その都度フロントスタッフと会話をしながら、ベストな解決策を見つけましょう。

予約

● あなたの名前では予約がありません。
Je n'ai pas de réservation à votre nom.
ジュネパ・ドゥ・れぜるヴァシオン・ア・ヴォトゥる・ノン

予約されていないと言われたら、コンファメーション用紙の日付や部屋のタイプを確認

▶ これがコンファメーション用紙です。確認してください。
Voici la confirmation que j'ai reçu. Pouvez-vous vérifier ?
ヴォワスィ・ラ・コンフィるマシオン・クジェ・るスュ　プヴェヴ・ヴェりフィエ ナ

▶ どうしても今晩泊まる部屋が必要なんです。
Désolé(e) mais je veux une chambre ce soir.
デゾレ・メ・ジュヴ・ユヌ・シャンブる・スソワー

● 満室なのでほかのホテルにお泊まりいただくことになります。
そこに客室を確保しました。
Nous n'avons plus une seule chambre de libre.
Mais un hôtel voisin peut vous accueillir,
une chambre est prête pour vous.
ヌナヴォン・プリュ・ユヌスル・シャンブる・ドゥリーブル
メ・アンノテル・ヴォワザン・ブヴ・ザキューイ・
ユヌ・シャンブる・エ・プれットゥ・プーヴ

🌿 エトセトラ
ホテル側の手ちがいで予約が入っていない場合は、近隣のホテルで同じランクの客室を用意してくれることが多い。

希望したタイプと異なる客室をあてがわれたら

▶ 部屋のタイプがちがいます。
Ce n'est pas le type de chambre que j'ai réservé.
スネパ・ル・ティプ・ドゥ・シャンブる・クジェ・れぜるヴェ

泊まる

- 私は［シングル／ダブル／ツイン／トリプル］を予約しました。
  J'ai réservé une [simple / double / twin / triple].
  ジェ・れぜるヴェ・ユヌ［サンプル／ドゥブル／トゥイン／トゥリプル］

- バスタブ付きを予約したのに、シャワーしかありません。
  J'ai réservé une chambre avec bain, mais il n'y a qu'une douche.
  ジェ・れぜるヴェ・ユヌ・シャンブる・アヴェック・バン・メ・イルニヤ・キュヌ・ドゥシュ

滞在中

● 客室に ▭ がありません。
  Il n'y a pas de ▭ dans la chambre.
  イルニヤパ・ドゥ ▭ ダンラ・シャンブる

  タオル：**serviette** セルヴィエットゥ
  アメニティグッズ：**produits d'accueil** プろデュイ・ダキュイユ
  枕：**oreiller** オれイエ　→そのほかの単語は P173

- ▭ なので、部屋を替えていただけますか？
  Je peux avoir une autre chambre, ▭ ?
  ジュプ・アヴォワー・ユノートる・シャンブる ▭ ♪

  〈理由〉
  お湯が出ないので：**parce qu'il n'y a pas d'eau chaude.**
  パルス・キルニヤパ・ドショードゥ
  騒音がひどいので：**parce qu'elle est bruyante.**　パルスケレ・ブリュイヤントゥ
  部屋が［寒い／暑い］ので：**parce qu'elle est trop [froide / chaude].**
  パルスケレ・トろ［フろワドゥ／ショードゥ］
  エアコンが壊れているので：**parce que la clim ne marche pas.**
  パルスク・ラ・クリム・ヌ・マるシュ・パ

▶ 客室に置いてあった ☐ がなくなりました。(→トラブルは P178)

☐ que j'ai laissé dans ma chambre a disparu.

☐ ク・ジェ・レセ・ダンマ・シャンブる・ア・ディスパリュ

現金：**L'argent** ラるジョン
財布：**Mon portefeuille** モン・ぽるトゥフイユ
パスポート：**Mon passeport** モン・パスポー
ジュエリー：**Mes bijoux** メ・ビジュ　　バッグ：**Mon sac** モン・サック
洋服：**Mes vêtements** メ・ヴェトゥモン　　靴：**Mes chaussures** メ・ショスユー
航空チケット：**Mon billet d'avion** モン・ビエ・ダヴィオン
クレジットカード：**Ma carte de crédit** マ・カるトゥ・ドゥ・クれディ

盗難だと確信したら

▶ 盗難に遭いました。
On m'a volé.
オンマ・ヴォレ

チェックアウト

▶ ルームキーをなくしました。
J'ai perdu la clef de ma chambre.
ジェ・ぺるデュ・ラクレ・ドゥ・マシャンブる

▶ 合計金額が正しくないようです。
La somme ne me paraît pas correcte.
ラソム・ヌ・ムパれパ・コれクトゥ

▶ 割引料金が適用されていません。
Vous avez oublié la remise de la promotion spéciale.
ヴザヴェ・ウブリエ・ラ・るミーズ・ドゥラ・プロモシオン・スペシィアル

▶ [宿泊日数／朝食の回数] が正しくありません。
Le nombre de [nuits / petits-déjeuners] n'est pas correct.
ル・ノンブる・ドゥ [ニュイ／プチデジュネ] ネパ・コれクトゥ

✿ エトセトラ

宿泊費やミニバーなど追加料金のほかに、滞在税「taxe de séjour／タクス・ドゥ・セジュー」が外付けで加算されることがあります。「サービス・税金込み」の税金は、この滞在税とは異なります。

Infos utiles 7

ホテル選びとフランス式朝食

ホテル選びのポイントは？

良いホテル選びはパリ旅行の成功のカギを握る大切なポイント。大前提として、一般的にパリのホテルは日本に比べ、狭くて高い。古い建物を再利用するホテルも多く、全体の雰囲気が古びていたり、最新の設備が整っていないところもあります。最低限の快適さを求めるなら、3ツ星ランク以上（1人1泊100ユーロ程度～）をおすすめします。一日の疲れを癒せないホテルだと、イライラがつのったり、友達や家族とケンカをしてしまったり、せっかくの旅が台無しになってしまう可能性もあります。

パリならではの雰囲気を楽しむならプチホテル。設備ではちょっぴり目をつぶる必要があるかもしれませんが、石造りの壁やかわいい内装が魅力です。ホテルはとにかくモダンで快適な設備！ という人は、大型チェーンのホテルが安心でしょう。新婚旅行などロマンティックな思い出づくりを望むなら、1泊だけさらに高いランクにする、といった工夫もありでしょう。

それをふまえたうえで、どうしても予算を削りたいという人は、地区を選ぶこと。オペラやサンジェルマン、マレといった超中心地を少し離れると、設備・サービスも良く、リーズナブルな3ツ星がたくさんあります。パリは東京の山手線の内側に入るほどの小さな街。メトロやバスに乗れば、どの地区に宿泊していてもパリのあらゆる観光スポットに10～20分でアクセスできてしまいます。「行きたい観光スポットの近く」ではなく、「頻繁に利用する路線が通っているメトロの駅がすぐそば」のホテルが真に便利なホテルと言えるでしょう。

シンプルなフランス式朝食

フランスのホテルの朝食はいたってシンプル。基本形はバゲット、クロワッサンやチョコレートデニッシュ、それにコーヒーや紅茶の温かい飲みものとジュースがつくコンチネンタルです。さらにハムやチーズ、ヨーグルトやフルーツ、シリアルが加わり、かつバイキング形式で好きなものを好きなだけ食べられるビュッフェ式の朝食を提供するホテルもあります。日本の旅館やホテルのような朝食を期待していると、少し拍子抜けしてしまうかもしれませんが、焼き立てパリパリのクロワッサンや、バターとジャムを塗ったバゲットは、素朴だけどフランスでしか味わえない格別なおいしさです。

Problèmes 5

トラブル対応フレーズ

なるべくなら避けて通りたい旅先でのトラブルですが、万が一のときのために、最低限のフレーズには目を通しておきましょう。盗難・紛失は警察へ、緊急の病気やケガは救急車、トラブルの種類によって大使館に相談するのも良いでしょう。(→ P189)

とっさのフレーズ

- 助けて！
  Au secours !
  オ・スクー

- やめて！
  Arrêtez !
  アれテ

- スリだ！
  C'est un pickpocket !
  セタン・ピクポケットゥ

- [その男／その女] をつかまえて！
  Arrêtez [cet homme / cette femme] !
  アれテ [セットム／セット・ファム]

- [警察／救急車／消防車] を呼んで！
  Appelez [la police / une ambulance / les pompiers] !
  アプレ [ラ・ポリス／ユナンビュランス／レ・ポンピエ]

盗難・紛失

- ☐ を盗まれました。
  On m'a volé ☐ .
  オンマ・ヴォレ ☐

- ☐ をなくしました。
  J'ai perdu ☐ .
  ジェ・ぺるデュ ☐

🎀 エトセトラ

○スリに注意！
街歩きはもちろん、メトロやマルシェ、美術館など、バッグやスマホは肌身離さずしっかり持って片時も油断しないことが大切。メトロでは、子どもや若い女性などが近寄って気をそらされているあいだにすられたり、ひったくられたりしてしまうことも。指輪を拾うフリ、時間を聞くフリ、ナンパのフリ、時には警官のフリをして旅行者に近づいてくるスリや詐欺師も。怪しいと思ったら無視して通り過ぎるのがベター。

バッグ：**mon sac** モン・サック　財布：**mon portefeuille** モン・ぽるトゥフイユ
パスポート：**mon passeport** モン・パスポー
クレジットカード：**ma carte de crédit** マ・カるとゥ・ドゥ・クれディ

- [日本国大使館／この電話番号] に電話してもらえますか？

    Pouvez-vous appeler pour moi [l'ambassade du Japon / ce numéro] ?

    プヴェヴ・アプレ・プーモワ [アンバサドゥ・デュ・ジャポン／ス・ニュメロ] ↗

- [日本語／英語] を話せる人はいますか？

    **Est-ce qu'il y a quelqu'un qui parle
    [japonais / anglais] ?**

    エスキリヤ・ケルカン・キパルル [ジャポネ／アングレ] ↗

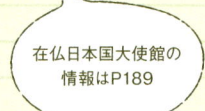

    > 在仏日本国大使館の情報はP189

- 最寄りの警察はどこですか？

    Où est le commissariat le plus proche ?

    ウエ・ル・コミサリア・ル・プリュ・プロッシュ ↗

- 盗難・紛失証明書をください。

    Pouvez-vous me donner le récépissé de déclaration de plainte ?

    プヴェヴ・ムドネ・ル・れセピセ・ドゥ・デクラらシオン・ドゥ・プラントゥ ↗

病気・薬

- [頭／歯／のど／お腹／背中／足] が痛いです。

    **J'ai mal [à la tête / aux dents / à la gorge / au ventre /
    au dos / aux jambes].**

    ジェ・マル [アラ・テットゥ／オ・ドン／アラ・ゴるジュ／オ・ヴォントる／
    オ・ド／オ・ジャンブ]

- 気分が悪いです。

    Je ne me sens pas bien.

    ジュヌム・ソンパ・ビアン

- [熱があります／吐き気がします／下痢をしています／生理痛です]。

    J'ai [de la fièvre / la nausée / la diarrhée / des douleurs de règles].

    ジェ [ドゥラ・フィエーヴる／ラ・ノゼ／ラ・ディアれ／デ・ドゥルー・ドゥ・れグル]

> **エトセトラ**
>
> 「○○が痛い」「○○をやけどしました」といったフレーズは、「à／ア」の後ろに該当する体の部位をはめ込みます。「le／ル」のつく単語(男性形)や「les／レ」のつく複数形の場合、「à／ア」が「au／オ」または「aux／オ」に変化して「J'ai mal au cou.／ジェ・マル・オ・ク(首が痛い)」「J'ai mal aux épaules.／ジェ・マル・オ・ゼポル(両肩が痛い)」というふうになります。

体の部位

胸：la poitrine / les seins
　ラ・ポワトゥリン／レ・サン
胃：l'estomac レストマ
お腹（腸）：le ventre (l'intestin)
　ル・ヴォントゥる（ランテスタン）
腰：la hanche ラ・アンシュ

指さして「ici／ここ」
と言ってもOK

背中：le dos
　ル・ド
お尻：les fesses
　レ・フェス

脚：la jambe ラ・ジャンブ
もも：la cuisse ラ・キュイス
ひざ：le genou ル・ジュヌ
ふくらはぎ：le mollet ル・モレ
足首：la cheville ラ・シュヴィーユ
足：le pied ル・ピエ
足の指：l'orteil ロるテイユ

頭：la tête ラ・テットゥ
髪の毛：les cheveux レ・シュヴ
顔：le visage ル・ヴィザージュ
目：l'œil ロイユ
鼻：le nez ル・ネ
耳：l'oreille ロれイユ
頬：la joue ラ・ジュー
口：la bouche ラ・ブーシュ
歯：la dent ラ・ドン
舌：la langue ラ・ラング
あご：le menton ル・モントン

首：le cou ル・ク
のど：la gorge ラ・ゴるジュ

肩：l'épaule レポール
腕：le bras ル・ブら
関節：l'articulation
　らるティキュラスィオン
ひじ：le coude ル・クードゥ
手：la main ラ・マン
手首：le poignet ル・ポワニエ
指：le doigt ル・ドワ
○親指：le pouce ル・プス
○人差し指：l'index ランデックス
○中指：le majeur ル・マジュー
○薬指：l'annulaire ラニュレー
○小指：l'auriculaire ロリキュレー
爪：l'ongle ロングル

エトセトラ

○病気になったりケガをしたりしたら
緊急の場合は救急車を呼ぶこと。医者にかかりたい場合はホテルスタッフや街の薬局に聞けば教えてくれます。海外旅行保険に加入している場合は、払い戻しに必要な書類も忘れずにもらいましょう。

Infos utiles 8

郵便局での便利フレーズ

ついついお買いものをしすぎてしまったときも簡単に日本へ小包が送れるコリッシモを使えばラクチン。郵便局を活用しましょう。

- 日本宛ての切手を［1 ／ 2 ／ 3］枚ください。(→数字はP184)
 Je voudrais [un / deux / trois] timbre(s) pour le Japon.
 ジュヴドれ [アン／ドゥ／トゥろワ] タンブる・プー・ル・ジャポン

- この[手紙／ハガキ／小包]を日本に送りたいです。
 Je voudrais envoyer [cette lettre / cette carte postale / ce paquet] au Japon.
 ジュヴドれ・オンヴォワイエ [セットゥ・レットる／セットゥ・カるトゥ・ポスタル／ス・パケ] オ・ジャポン

 > 手紙(20gまで)もハガキも一律0.95ユーロ（2013年1月現在）

- 日本宛てのコリッシモを[1箱] ください。(→数字はP184)
 Je voudrais [un] Colissimo Emballage pour le Japon.
 ジュヴドれ [アン] コリスィモ・オンバラージュ・プー・ル・ジャポン

- 料金はいくらですか？
 Ça coûte combien ?
 サクートゥ・コンビアン↗

- どのぐらいの日数で届きますか？
 Ça prend combien de jours pour arriver au Japon ?
 サプろン・コンビアン・ドゥジュー・プー・アりヴェ・オジャポン↗

🎀 エトセトラ

コリッシモは最大5～7kgまで一律料金で日本に送ることができる小包のサービス。Lサイズ（最大5kg、39.85€）とXLサイズ（最大7kg、46.75€）。箱を組み立て送りたいものをつめて、送り状とインボイスに記入して発送します。箱の外側に「Unaccompanied baggage 別送品」と書き、帰りの機内で配られる別送品申告書2枚に記入して、空港到着後、税関に提出しスタンプをもらい、荷物到着まで保管しておきましょう。所要日数は1週間ほどです。

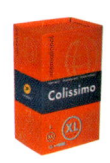

フランス語の基本と便利情報

旅先でフランス語を読んだり話したりするために、欠かせない基本の情報を紹介します。英語と発音が大きく異なるアルファベットや、数字と単位、時間や月日の読み方など、少しでも頭に入れておくとイザというときに役立ちます。

アルファベットの読み方

フランス語のアルファベットは英語と同じ26文字で、私たちにもなじみのあるもの。それに加えて、綴り記号や合字が7種類あり、発音に応じて使います。ちなみに、フランス語のアルファベットは「**Alphabets**／アルファベ」と発音します。

A ア	B ベ	C セ	D デ	E ウ	F エフ	G ジェ★1
H アッシュ	I イ	J ジ	K カ	L エル	M エム	N エヌ
O オ	P ペ	Q キュ	R エー（る）	S エス	T テ	U ュ★2
V ヴェ★3	W ドゥブルヴェ	X イクス	Y イグれック	Z ゼドゥ		

★1 GとJは英語の発音が入れ替わった感じになるので注意。　★2 かなりがんばって口を突き出す感じで発音。　★3 Bとちがい上の歯を下唇に軽く触れる感じで発音。

綴り記号と合字について

é	accent aigu	アクサン・テギュ
à è ù	accent grave	アクサン・グラーヴ
â ê î ô û	accent circonflexe	アクサン・シルコンフレクス
ä ë ï ö ü	tréma	トレマ
ç	cédille	セディーユ
œ	oとeの合字	
æ	aとeの合字	

名前を正しく伝えるには

フランス人にとって日本人の名前は聞き慣れず、正しく理解されないことがたびたびあります。アルファベットをひとつずつ綴ったり、紙に書いてみたりすれば確実です。

● [お名前／名字／下のお名前]は？
Votre [nom / nom de famille / prénom], s'il vous plaît ?
ヴォトゥる [ノン／ノン・ドゥ・ファミーユ／プレノン] スィルヴプレ♪

▶ 山口恵理です。
Eri Yamaguchi.
エリ・ヤマグチ

● どうスペルしますか？
Comment ça s'écrit ?
コモン・サセクリ♪

> フランス人は「ヤマグシ」と発音するでしょう

▶ **E R I Y A M A G U C H I**
ウ・エー・(る)・イ　イグれック・ア・エム・ア・ジェ・ユ・セ・アッシュ・イ

Hの発音について

フランス語では単語の最初にHがついていても発音しません。例えば「Hôtel(ホテル)」は「オテル」、「Haut(上)」は「オ」、「Hier(昨日)」は「イエー」と発音されます。Hから始まる名前の人は、特に気をつけましょう。

▶ 頭にHがつきます。
Il y a un "H" au début.
イリヤ・アン・アッシュ・オ・デビュ

> フランス人は「アヤシ」と発音するでしょう

▶ 林です。
Hayashi.
ハヤシ　アッシュ・ア・イグれック・ア・エス・アッシュ・イ

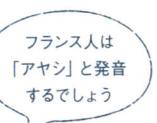

数字

「アン、ドゥ、トロワ」は知っているけどその先はわからない、という人が多いフランス語の数字。レストランで人数を告げたり、パンやくだものを買ったりするのはもちろん、支払いの際にも正しい金額を聞き取れるよう、基本の数字をおさえておくと安心です。

数字	chiffres シッフる	10	dix ディス
1	un アン	20	vingt ヴァン
2	deux ドゥ	30	trente トゥロントゥ
3	trois トゥロワ	40	quarante カろントゥ
4	quatre カットる	50	cinquante サンカントゥ
5	cinq サンク	60	soixante ソワサントゥ
6	six スィス	70	soixante-dix ソワサントゥディス
7	sept セットゥ	80	quatre-vingt カトるヴァン
8	huit ユイトゥ	90	quatre-vingt-dix カトるヴァンディス
9	neuf ヌフ		

★20以上は、後ろにひと桁の数字を加えて発音すればOK。例) 35 trente-cinq／トゥロントゥ・サンク

100	cent ソン
200	deux cents ドゥ・ソン
300	trois cents トゥロワ・ソン

★お惣菜屋さんやマルシェでのグラム数に。

1000	mille ミル
2000	deux milles ドゥ・ミル

単位

€	ユーロ: euro ウーろ
Cts.	サンチーム: centime ソンチーム[1]
g	グラム: gramme グらム
kg	キロ: kilogramme キログらム[2]
個	コ: pièce ピエス[3]

★1 100サンチーム＝1ユーロ。10.3€（10ユーロ30サンチーム）と小数点で表すことがほとんど。
★2 キロと略すことがほとんど。　★3 pcs.という表記も。

フランス人の数字の数え方

まず手を一度グーにして、親指から指を1本ずつ立てて数えてゆくのがフランス式。5で手が開いたら、6からはもう片方の手を使います。4のときに薬指をピンときれいに立てるのは至難の業！ちなみに、レストランなどで人数を示す際も同じ要領ですが、2だけは例外で人差し指と中指を立てたVサインで示します。

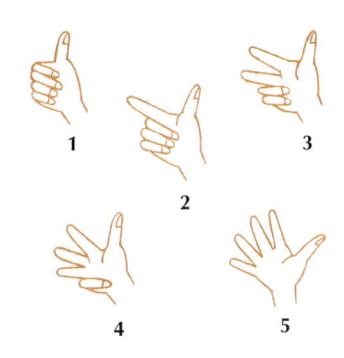

フランス人の手書きの数字

マルシェやパン屋さんの値札、カフェの伝票やレストランの黒板メニューなど、旅行中に手書きの数字を目にする機会が多々あります。最も特徴的なのは1と7。1は縦の棒と同じぐらい折り返しの線が目立ちます。7は1と区別をつけるために、短い横棒を引く場合が多いです。

時間

時間: heure　ウー(る)
10時: dix heures　ディズー
正午12時: midi　ミディ
深夜0時: minuit　ミニュイ
8時半: huit heures et demie　ユイトゥー・エ・ドゥミ
9時15分: neuf heures et quart　ヌヴー・エ・カー
10時45分(11時の15分前):
onze heures moins le quart　オンズー・モワン・ル・カー

- 10:00や10hという表記をします。
- 30分は「demie／ドゥミ」、15分は1/4を意味する「quart／カー」、45分は15分前を意味する「moins le quart／モワン・ル・カー」と言います。
- フランスでは24時間表記がほとんど。午後2時は「14h／カトるズー」となります。

季節・月

季節: saison　セゾン
月: mois　モワ

春　printemps　プらントン

- 3月: mars　マるス
- 4月: avril　アヴリル
- 5月: mai　メ

夏　été　エテ

- 6月: juin　ジュワン
- 7月: juillet　ジュイエ
- 8月: août　ウトゥ

秋　autonme　オトンヌ

- 9月: septembre　セプトンブる
- 10月: octobre　オクトブる
- 11月: novembre　ノヴォンブる

冬　hiver　イヴェー

- 12月: décembre　デソンブる
- 1月: janvier　ジャンヴィエ
- 2月: février　フェヴリエ

曜日

週: semaine　スメーヌ
月: lundi　ランディ
火: mardi　マるディ
水: mercredi　メるクるディ
木: jeudi　ジュディ
金: vendredi　ヴァンドるディ
土: samedi　サムディ
日: dimanche　ディマンシュ

● フランスでは日／月／年の順で記載します。日本と逆なので要注意！
　例) 2013年2月10日→10/02/13

天気

天気予報: météo　メテオ
晴れ: ensoleillé　オンソレイエ / il fait beau　イルフェ・ボ
雨: pluie　プリュイ / il pleut　イル・プル
くもり: il fait nuageux　イルフェ・ニュアジュー
雪: il neige　イル・ネージュ
良い天気: beau temps　ボートン
悪天候: mauvais temps　モヴェ・トン

階数の数え方

フロア: ÉTAGE　エタージュ

●フランスでは、地上階をゼロとして、
　階段を上がった日本式の2階から1階と数えます。

日本の4階
3ème étage　トゥろワズィエム・エタージュ
（エレベーターなどの数字表記は3）

日本の3階
2ème étage　ドゥズィエム・エタージュ
（数字では2）

日本の2階
1er étage　プるミエ・エタージュ
（数字では1）

日本の1階（地上階）
Rez-de-chaussée　れドゥショセ
（数字は0、略はRDC）

地下
Sous-sol　スゥソル

information

レストラン予約フォーム

次の情報をホテルのフロントに伝えて、予約してもらいましょう。

■■■ このレストランを予約していただけますか？

Pouvez-vous réserver ce restaurant pour moi, s'il vous plaît ?
プヴェヴ・れぜるヴェ・スれストラン・プーモワ・スィルヴプレ↗

Nom du restaurant（店名）：_____
Tél.（電話番号）：_____
Date（日付は日／月の順、曜日）★1：_____
Heure（時間）★2：_____ **Nombre de personnes**（人数）：_____
Au nom de（本人または予約者の名前）：_____

タクシー予約フォーム

■■■ この日にタクシーを1台予約していただけますか？

Pouvez-vous réserver un taxi pour cette date, s'il vous plaît ?
プヴェヴ・れぜるヴェ・アン・タクスィ・プー・セットゥ・ダットゥ・スィルヴプレ↗

※今すぐ呼んでほしい場合は「Pouvez-vous m'appeler un taxi, s'il vous plaît ?
／プヴェヴ・マプレ・アン・タクスィ・スィルヴプレ♪」

■■■ シャルル・ド・ゴール空港までの料金はいくらですか？。

Quel sera le prix pour aller à Roissy, s'il vous plaît ?
ケルスら・ルプリ・プー・アレア・ろワッスィー・スィルヴプレ↗

■■■ スーツケースは［2つ］あります。（→数字はP184）

On a [deux] valises.
オンナ［ドゥ］ヴァリーズ

Date（日付は日／月の順、曜日）★1：_____
Heure（時間）★2：_____
Jusqu' à（目的地）★3：_____
Nombre de taxis（タクシー台数）★3：_____
Au nom de（本人または予約者の名前）：_____

★1 例えば6月12日(水)は「mercredi 12/06」または「mercredi 12 juin」と表す。（→月や曜日の名前はP186）
★2 昼12時30分の場合は「12h30」、午後1時は「13h」、夜8時は「20h」のように、24時間制で書くと誤解がない。与時間はP185）　★3　シャルル・ド・ゴール空港(l'aéroport de Charles de Gaulle)。（→それ以外の駅名や観光スポットの名前はP149）

重要な連絡先

在仏日本国大使館 Ambassade du Japon アンバサードゥ・デュ・ジャポン
住所：7 Avenue Hoche 75008
電話：01 48 88 62 00
交通：Courcelles② 徒歩3分、Charles de Gaulle Etoile①②⑥ 徒歩10分
開館：月〜金 9:30-13:00/14:30-17:00
HP：http://www.fr.emb-japan.go.jp/jp

救急車 SAMU サミュ　電話：15

警察 Police ポリス　電話：17

消防署 Pompiers ポンピエ　電話：18

日本語の通じる病院

アメリカン・ホスピタル Hôpital Américain オピタル・アメリカン
住所：63 boulevard Victor Hugo 92200 Neuilly-Sur-Seine
電話：01 46 41 25 25（代表）
Tel: 01 46 41 25 15(日本語24時間サービス)
メトロ：Anatole France③ 徒歩12分

時差

サマータイム　L'heure d'été ルー・デテ
3月の最終日曜日〜10月の最終日曜日：日本より7時間遅れ

それ以外の期間　L'heure d'hiver ルー・ディヴェー
10月の最終日曜日〜3月の最終日曜日：日本より8時間遅れ

通貨

フランスの通貨は「€／ユーロ」
1ユーロ＝約120円（2013年1月現在）

コイン（1, 2, 5, 10, 20, 50 サンチーム、1,2 ユーロ）
紙幣（5, 10, 20, 50 ユーロ）
100, 200 ,500 ユーロ札は見かける機会が少ない。

information

気温と服装について

パリは基本的に、どの季節も日本の本州より気温が低め。四季のちがいが少なく、天気や気温が変わりやすいので、カーディガンのような脱ぎ着で調節できる服装が便利。夏でも朝晩は冷えるので軽く羽織れるジャケットやストールがあると重宝します。1年を通じて、帽子やフードつきのパーカはにわか雨対策にとても役立ちます。服装のコーディネートはトリコロル・パリのサイト「パリのお天気 服装カレンダー」をぜひ参考に。

http://www.tricolorparis.com/meteo

フランスの祝日

フランスの祝日は1年に13日。なかでも、1月1日、5月1日、12月25日は、お店や美術館などほぼすべての施設が閉まるので要注意。毎年変わる移動祝祭日もあるので事前に確認するのがベター。

1月1日	元旦
3月31日（2013年）	復活祭★（2014年：4月20日、2015年：4月5日）
4月1日（2013年）	復活祭翌日の月曜★（2014年：4月21日、2015年：4月6日）
5月1日	メーデー
5月8日	第2次大戦終戦記念日
5月9日	キリスト昇天祭★（2014年：5月29日、2015年：5月14日）
5月19日（2013年）	聖霊降臨の祝日★（2014年：6月8日、2015年：5月24日）
5月20日（2013年）	聖霊降臨の祝日、翌日の月曜★（2014年：6月9日、2015年：5月25日）
7月14日	革命記念日
8月15日	聖母被昇天祭
11月1日	諸聖人の祝日
11月11日	第1次大戦休戦記念日
12月25日	クリスマス

★印は移動祝祭日で毎年日付が変わります。

memo

滞在先

ホテル名: _____

住所: _____

電話: _____

最寄りメトロ・番線: _____

自分のサイズ・お気に入り

自分のサイズだけよみがなとともに書き写しましょう。

洋服 _____

靴 _____

指輪 _____

お気に入りの色 _____

お気に入りの柄 _____

お気に入りの ☐ _____

よく使うフレーズ

特によく使いそうなフレーズを書き留めましょう。

食べる _____

買う _____

観る _____

移動する _____

泊まる _____

Profile

荻野雅代

高校時代からフランス映画と音楽をこよなく愛し、とにかく耳からフランス語を覚えようと必死の独学。その後、大学の第二外国語、アリアンス・フランセーズで基礎を学びつつ、取材やインタビューで生きたフランス語を体得する。生粋のおしゃべり好きはフランス語学習にも生かされている。

桜井道子

大学の第二外国語として学んだのがフランス語との出会い。フランスの文化より先にフランス語という言語そのものに魅され、96年には1年間の語学留学。この経験からこの国との縁が深まり、00年からパリ在住。在仏歴が長くなりコミュニケーションには不自由しなくなっても、フランス語の奥深さを実感する毎日。

TRICOLOR PARIS トリコロル・パリ
http://www.tricolorparis.com

フランス在住の日本人ふたり組(荻野雅代、桜井道子)が、2010年に立ち上げたパリとフランスの情報サイト。おすすめブティックやレストラン、イベントの観光情報はもちろん、フランスのニュース、パリの天気を毎日の服装で伝える「お天気カレンダー」など、独自の目線でフランスの素顔をお届けしている。著書に『曜日別&地区別 かんたんパリ歩き』(パイ インターナショナル)、『歩いてまわる小さなパリ[日帰り旅行も!]』(大和書房)、『とっておきのパリごはん』(ソフトバンク・クリエイティブ)などがある。

トリコロル・パリの本の最新情報はこちら
http://www.tricolorparis.com/livre.html

トリコロル・パリのツイッター
https://twitter.com/tricolorparis

かわいいパリ歩きのフランス語

2013年2月20日　初版第1刷発行

著者　Auteurs：
荻野雅代　Masayo Ogino Chéreau
桜井道子　Michiko Sakurai Charpentier

撮影　Photographe：
荻野雅代　Masayo Ogino Chéreau

デザイン　Graphiste：
塚田佳奈（ME&MIRACO）

イラスト　Illustratrice：
山本奈穂（ノラヤ）

DTP：山口真澄

カバー写真協力　Photo de couverture：
Caroline Aubert

音声データ　Audio voix-off：
Valérie Lecat

フランス語校正
Relecture-correction du français：
Franck Charpentier, Edith Chéreau

日本語校正
Relecture-correction du japonais：
広瀬 泉

編集　Editrice：長谷川卓美

発行元　パイ インターナショナル
〒170-0005
東京都豊島区南大塚2-32-4
sales@pie.co.jp

編集・制作　PIE BOOKS
印刷・製本　大日本印刷株式会社

© 2013 Masayo Ogino / Michiko Sakurai / PIE International / PIE BOOKS
ISBN 978-4-7562-4328-7　C0085　Printed in Japan
本書の収録内容の無断転載・複写・複製等を禁じます。
ご注文、乱丁・落丁本の交換等に関するお問い合わせは、小社までご連絡ください。